BIBLIOTHEK JIDDISCHER ERZÄHLER

Buch

Isaac Leib Perez gilt als der beste Kenner und Dichter der dunklen, mystischen Legenden und Geschichten des Chassidismus, ohne jedoch selbst dieser strengen Glaubensrichtung gefolgt zu sein. Seine chassidischen wie auch folkloristischen Erzählungen sind von gewollter und gekonnter Klarheit und naiver Simplizität. Seine Geschichten verbreiten das jüdische Ideal, das zugleich auch das Ideal des Christen ist: Selig sind die Armen.

Autor

In Zamosk als Sohn wohlhabender Eltern geboren, gelang es Isaac Leib Perez (1851–1915), Einblick in die damals als weltlich und modern geltenden *belles lettres* zu gewinnen, die ihn entscheidend prägten. Perez' frühe Werke sind auf hebräisch geschrieben. Die Erkenntnis, daß das Jiddische eine wichtige und vor allem lebendige Sprache ist, kam ihm erst später.
Der aufgeklärte, freidenkerische Schriftsteller und Dichter Isaac Leib Perez, der Sozialist und kämpferische Revolutionär, war der fortschrittlichste unter den Juden seiner Zeit.

Herausgeberin

Im Jahre 1912 in Odessa geboren, spricht Vera Hacken neben vielen anderen Sprachen fließend Jiddisch und Deutsch. Vera Hacken ist selbst Schriftstellerin.
Als sehr gute Kennerin der Jiddischen Literatur schöpft sie aus einem großen Fundus an Autoren, die heute in Deutschland nahezu unbekannt sind. Gerade ihre Liebe zur deutschen und jiddischen Kultur hat Vera Hacken dazu veranlaßt, die Bibliothek Jiddischer Erzähler herauszugeben. Ihr tiefes poetisches Einfühlungsvermögen und ihre Freundschaft zu jiddischen Dichtern garantieren für die literarische Qualität ihrer Herausgebertätigkeit.

ISAAC LEIB PEREZ

DIE SEELENWANDERUNG EINER MELODIE

ERZÄHLUNGEN

BIBLIOTHEK JIDDISCHER ERZÄHLER
HERAUSGEGEBEN VON VERA HACKEN

GOLDMANN VERLAG

Sch'ma Israel (Höre Israel).
Berel der Schneider
Aus dem Jiddischen übertragen
von Emanuel Hacken

Bonzie Schweig
Wenn nicht noch höher
Drei Geschenke
Die Seelenwanderung einer Melodie
Zwischen zwei Bergen
Gesenkten Blickes
Aus dem Jiddischen übertragen
von Jakob Schajowicz

Die goldene Kette
(Chassidisches Familiendrama in 3 Akten)
Aus dem Jiddischen in freier Nachdichtung übertragen
von Freed Weininger

Der Goldmann Verlag
ist ein Unternehmen der Verlagsgruppe Bertelsmann

Made in Germany · 3/88 · 1. Auflage
Genehmigte Taschenbuchausgabe

Umschlagentwurf: Design Team München
Umschlagbild: Achim Kiel/Pencil, Braunschweig
Druck: Elsnerdruck, Berlin
Verlagsnummer: 8911
UK · Herstellung: Ludwig Weidenbeck
ISBN 3-442-08911-5

ISAAC
LEIB PEREZ

DIE SEELENWANDERUNG EINER MELODIE

Vorwort

Isaak Leib Perez ist wohl der enigmatischste unter den jiddischen Schriftstellern des 19. und der Wende ins junge 20. Jahrhundert.

In seinen Tagebüchern nennt er sich Mensch der Kontraste. *Dunkel gegen Licht, These und Antithese – diese scharfen Konturen der einander aggressiv gegenüberstehenden, einander bekämpfenden und widersprechenden Emotionen und Ideen bilden den eigentümlichen Reiz und ein zwar problematisches, gleichzeitig aber hinreißend abenteuerliches, aus tiefer Mystik ins Real-Klare hinüberströmendes Ganzes, das den Tonus seines reichen Œuvres ergibt.*

Emotio und Ratio im Konflikt bleiben das stete Thema seiner Werke.

Auch in Perez' eigenem Leben spielen Kontraste eine entscheidende Rolle. Er, der Nicht-Fromme, europäisch-weltliche, aufgeklärte Mensch (Maskil), *später in seinem Leben Sozialist, der für seine revolutionären Ideen mit Kerkerstrafe büßen sollte, ist ein tiefer Kenner und Forscher der talmudischen und chassidischen Überlieferungen geworden. Seine chassidischen und auch die volkstümlichen Erzählungen wie auch seine mystischen*

Dramen Nacht auf dem alten Markt *und* Die goldene Kette *zeugen von seinem Wissen, das sogar die Kabbalah, die Lehre der jüdischen Mystik, einschließt.*

Isaak Leib Perez schreibt strenge, gradlinige Prosa. Es ist eine sichtlich gewollte Schlichtheit. Es ist das Geschehen eo ipso, *das uns mit poetischem Flügelschlag mitreißt und uns der Erdenschwere enthebt. Seine Protagonisten sind gewöhnlich einfache, arme Alltagsjuden. Was sie und ihre kleinen tagtäglichen Konflikte zum faszinierenden, atemraubenden Gipfel, über alles Irdische hinweg, in die Höhe hebt, ist ihr* Amor Dei, *ihr Glaube und ihre unerschütterliche Verbundenheit mit überlieferten Formen und Ritualen dieses Glaubens, die sie treu und oft unter Lebensgefahr einhalten. Der einfache Wochentagsjude wächst unter unseren staunenden Augen – vom Schicksal unter Aufgabe gestellt, sein Judesein zu beweisen – zu einem Helden heran. Von seiner Gottesfürchtigkeit gestützt, vollbringt er Wunder mit einer ihm selbst bisher verborgen gebliebenen Kraft. Es ist, als würde sein Körper, der gläubigen Seele gehorchend und allen Gravitationsgesetzen trotzend, statt in die Tiefe zu sinken, sich in die Höhe heben. In* Drei Geschenke *bezahlt der reiche Kaufmann mit seinem Leben dafür, daß er ein unscheinbares Säckchen mit Erdenstaub aus dem Heiligen Lande den Räuberhänden entreißt.*

In der Erzählung Wenn nicht noch höher *begeht der Rabbi die schrecklichste aller Sünden, wenn er, willkürlich und sich seines frevlerischen Tuns wohl bewußt, die heilige Sabbatruhe unterbricht. Auch hier spielt der Perezsche Kontrasteffekt eine wesentliche Rolle: Das Wissen des Rabbis um die Dogmen und Gesetze seines Glaubens steht im Gegensatz zu seinen humanen, barmherzigen Regungen.*

In seiner episch narrativen Prosa verwendet Perez selten Symbole und Metaphern. Anders ist es in seinen dramatischen Werken, die voller Allegorien und Symbole sind.

In seinen Erzählungen geht er, seinen Helden gleich, unmittelbar an das Wunder und seine Offenbarung heran. Perez belehrt nicht, er erzählt. Er predigt nicht, er berichtet. Er urteilt nicht, er sagt aus. Was aber seine einfach und unmittelbar wirkende Prosa ja doch so lyrisch und poetisch auf den Leser wirken läßt, ist die ihm eigene Mischung von Ethos und Pathos. Ohne erhebliches Dazutun entsteht aus dem ethischen Geschehen das hohe Pathos, das uns aus dem Gewohnten ins esoterisch Ungewohnte dahinträgt.

Was aber ist Perez' Wirklichkeit? *Auf welchen unsichtbaren, fernen Breitengraden bewegt er sich und was sind seine Endziele? Wohin nimmt er uns mit?*

Martin Buber gibt auf diese Fragen seine eigene Antwort: »Ich habe keine Lehre. Ich habe nur die Funktion, auf solche Wirklichkeiten hinzuzeigen. Es will mir hier doch scheinen, daß es in unserer Weltstunde überhaupt nicht darauf ankommt, feste Lehren zu besitzen, sondern darauf, ewige Wirklichkeit zu erkennen und aus ihrer Kraft gegenwärtiger Wirklichkeit standzuhalten. Es ist in dieser Wüstennacht kein Weg zu zeigen; es ist zu helfen, mit bereiter Seele zu beharren, bis der Morgen dämmert und ein Weg sichtbar wird, wo niemand ihn ahnte.« (Gog und Magog)

Dieses Bubersche Wort klingt wie ein Bruchstück eines innigen Dialogs zwischen ihm und Perez, der irgendwann, irgendwo, fern in Zeit und Raum stattgefunden hat.

Isaak Leib Perez (1852–1915) in Zamosc, Polen, bei

frommen, den jüdischen Überlieferungen bedingungslos ergebenen Eltern geboren, wächst unter dem wachsamen Auge seiner tief religiösen Mutter auf. Weltlicher Privatunterricht in Russisch und Polnisch wird ihm zuteil, aber Thorakunde in hebräischer Sprache dominiert und prägt sich für immer in die Psyche des jungen Menschen ein. Trotz der künftigen Reisen und Begegnungen mit bedeutenden, aufgeklärten, also freidenkerischen und unfrommen, jüdischen Intellektuellen Osteuropas bleiben die Einflüsse der mütterlichen Unerschütterlichkeit im Glauben und im strengen Befolgen der Rituale im Gedächtnis des Dichters, und sie sind es, die sein Denken formen. Auf der Suche nach seinem Leben als Literat und nach beruflichen Möglichkeiten kommt Perez über einige Stationen in den nahen Provinzen nach Warschau. Zunächst schreibt er in der Landessprache, das heißt auf Polnisch. Er dichtet zwar sporadisch auch in Jiddisch, ist aber wie viele intellektuelle und schöpferische Juden seiner Zeit der Ansicht, daß Jiddisch ein Slang sei, ein niederer Jargon, unwürdig, eine in sich abgerundete, neue Literaturwelt zu schaffen. Diese irrige und irreführende allgemeine Arroganz wurde durch Mendele Mojcher Sforims und – seinem Beispiele folgend – durch Scholem Alejchems stolze, selbstbewußt würdige Haltung diesem reichen Sprachschatz gegenüber, durch Ehrfurcht und Liebe zu Jiddisch für immer ersetzt. Perez kam also auf Umwegen zu der Endform und Sprache seiner weiteren Dichtungen. Trotz der Wunder und Mysterien, die den Gehalt seiner chassidischen und volkstümlichen Erzählungen bilden, sind sie in rein naturalistische Form gekleidet, wie es in allen osteuropäischen Literaturen der Fall war, den russischen Naturalisten nachempfunden.

In den Dramen zeigt sich uns ein ganz anderer Perez: Der Text in freien Versen ist gewollt obskur. Es scheint fast, als sträube sich der Autor, die geheimen Unterströmungen und transzendentalen Stimmungen im dramatischen Geschehen im klaren Tone seiner Geschichten auszudrücken, als wollte er mit seiner Obskurität betonen, daß es Dinge gibt zwischen Himmel und Erde, die man nur ahnen kann.

Perez überrascht durch seine reiche Vielseitigkeit: *Lyrik* (Gedichte), *Prosa* (Chassidisches, Volkstümliche Erzählungen), *episch narrative Poeme* (Monisch, Jocheweth), *Dramen* (Die goldene Kette, Nacht auf dem alten Markt), *Essays und Memoiren.*

Mit wenigen Abschweifungen ins abseitig Allgemeine sind seine Schöpfungen dem mystischen, von nur rationellem Winkel aus kaum erklärbaren Kontakt des Wirklichen mit dem Ewigwirklichen gewidmet.

Die Heilige Schrift mit ihren Mitzves, Gesetzen, in den Alltag übertragen, als unbestreitbarer, sicherer Wegweiser, der seine Kinder weise, geduldig und gütig durch die Labyrinthe des Seins führt, ist und bleibt der unsichtbare Held seiner Werke.

Der aller bürgerlichen und humanen Rechte beraubte, zum Freiwild erniedrigte, ohnmächtige Ghettojude überlebt sein eigenes, fortdauerndes Autodafé durch die Unerschütterlichkeit seines Glaubens. Wie ein roter Faden ziehen sich durch alle seine Dichtung der Stoizismus und die Demut, zugleich aber auch die stille, stolze Würde seiner Gestalten. In strenger Selbstzensur bleibt der Autor bei seiner gewollten, horizontalen Einfachheit. Doch manchmal, wenn auch selten, übersteigert sich das Nur-Narrative ins Ekstatische, Exaltierte und Kosmische, wie es in der Seelenwanderung einer Melodie,

Zwischen zwei Bergen *oder in* Die goldene Kette *geschieht.*

Und auch hier wieder das Phänomen der Kontraste: Strenges dogmatisches Studium, unerbittliche Kasteiung, Askese und mystisches Dunkel gegen Heiterkeit, Lebensbejahung, Hedonismus, Gesang und Tänze, Euphorie und Bewegung.

Der allgemeine Grundton in fast allen seinen Werken ist tiefer, meditativer Ernst. Aber Perez' Sinn für zarte, subtile und dem flüchtig streifenden Blick meist verborgen bleibende Komik zeigt sich hin und wieder in seinen überraschenden, unerwarteten Pointen *wie in* Bonzie Schweig.

Auch in dieser Geschichte – die zu einem Klassiker wurde, wie auch ihr unheldischer Held Bonzie zu einem Archetyp der wunsch- und widerstandslosen Demut und passiven Resignation – kommt der Effekt durch Kontrast *zu seinem erheiternden Finale und erwirkt die erlösende Befreiung durch Bonzies einzigen wunderbaren Schlußsatz.*

Der weise Rabbi in Berel der Schneider, *der den rebellierenden, Gott anklagenden, erzürnten Berel nicht nur geduldig und mit väterlicher Toleranz anhört, sondern auf ganz unauffällige, fast möchte man sagen, auf diplomatische Art sich auf Berels Seite stellt, ist in einem stummen Plädoyer zu Gott, dem Allmächtigen, Berels Fürsprecher und Advokat. Diese unerwartete Wendung, im einfachen Erzählerton dargeboten, birgt eine unwiderstehliche Komik in sich. Wie der Rabbi selbst, so muß auch der Leser beim Schlußsatz amüsiert und wohlwollend lächeln. Perez' subtiler, sich hinter seriöser Fassade verbergender Humor ruft keine Lachsalven hervor, wie es bei Scholem Alejchem der Fall ist. Es ist ein amüsier-*

tes, leicht ironisches Lächeln, das den Knoten der Situation löst, das aber eben durch seine Behutsamkeit befreiend wirkt.

Perez schreibt in gewollter Schlichtheit, meidet eine blumige Sprache und stilistische Ausschmückungen. Er bleibt in der Horizontalen und in einer streng kontrollierten Direktheit. Im Geschehen allein liegt die ganze eigenartige Poetik. Es scheint ihm beschwerlich, den Plot *auszuschmücken. Aber was der Autor zu berichten hat, erhebt durch Pathos der Aktion die strenge Prosa zu unerwarteter Lyrik, die ihren eigenen Zauber hat.*

Hier wie dort, in der simplen Erzählung wie auch in den esoterischen Schöpfungen, gelingt es diesem Autor, seinen Leser mitzureißen, ihn mit auf seinen Flug durch die Sphären, zu den Höhen der Wahren Welt (Ojlom Emes) *und der ewigen Wirklichkeit mitfliegen zu lassen. Er hebt uns aus der trüben, traurigen Erdentiefe empor, und so fliegen wir bis in den blauen Himmel hinauf... Wenn nicht noch höher.*

Vera Hacken

Bonzie Schweig

Hier auf *dieser* Welt hat Bonzie Schweigs Tod gar keinen Eindruck gemacht. Vergeblich werdet Ihr fragen, wer Bonzie Schweig war, wie er lebte, woran er starb. Hat ihm das Herz versagt, starb er an Erschöpfung oder brach sein Rückgrat unter einer schweren Last entzwei, wer weiß es? Vielleicht starb er gar vor Hunger...

Wenn ein Trambahnpferd tot umstürzt, erregt es gleich einiges Aufsehen. Zeitungen berichten darüber, Hunderte neugieriger Menschen rennen aus allen Gassen herbei, um das tote Pferd und den Ort seines Sturzes zu sehen... Doch wenn es so viele Trambahnpferde auf der Welt gäbe wie Menschen – tausend Millionen – würde auch der Tod eines Pferdes kein Aufsehen mehr erregen.

Bonzie lebte still und starb einsam. Wie ein Schatten glitt er durch die Welt, durch unsere Welt.

Bei Bonzies Beschneidungsfeier trank man keinen Wein, und es klirrten keine Gläser. Bei seiner Bar Mitzwah hat er auch keine Ansprache bei der Thoralesung gehalten... Er lebte wie ein kleines, graues Sandkörnchen am Meeresufer unter Millionen Sandkörnchen; und als dann der Wind dieses Körnchen aufhob und aufs andere Ufer hinübertrug, merkte es niemand.

Zu Bonzies Lebzeiten hinterließen seine Schritte keine Spur auf der feuchten Erde. Nach seinem Begräbnis riß der Wind die kleine Holztafel von seinem Grabe weg; die Frau des Totengräbers fand das Brettchen und kochte auf seinem Feuer ein Töpfchen Kartoffeln ... Drei Tage nach Bonzies Tod würdet Ihr vergeblich den Totengräber fragen, wo sein Grab ist ...

Hätte Bonzie einen Grabstein gehabt, hätte vielleicht ein Altertumsforscher nach Hunderten von Jahren das Grabmal gefunden, und der Name *Bonzie Schweig* wäre noch einmal erklungen.

Ein Schatten nur! Niemand bewahrte sein Bild im Gedächtnis, und keine Seele trauerte um ihn. Kein Kind, kein Rind. Er lebte elend und er starb elend.

Wenn es im menschlichen Leben nicht so lärmend zuginge, hätte vielleicht jemand gehört, wie Bonzies Rückgrat unter der schweren Last krachte. Hätten die Menschen mehr Zeit, hätte vielleicht jemand bemerkt, wie blaß und erloschen Bonzies Augen waren und wie furchtbar eingefallen seine Wangen; wie sein Kopf zu Boden gesenkt war, auch wenn er mal keine Last auf dem Rücken trug. Es schien, als würde er bei Lebzeiten sein Grab suchen. Würde es so wenige Menschen auf der Welt geben wie Trambahnpferde, so hätte vielleicht jemand gefragt: Wo kam Bonzie hin?

Als man Bonzie ins Krankenhaus brachte, blieb seine Schlafstelle in der Kellerstube nicht lange leer. Zehn Arme seinesgleichen warteten bereits darauf. Als man ihn vom Spitalbett in die Leichenkammer trug, warteten auf dieses Bett auch schon andere zwanzig Kranke ... Als man ihn aus der Leichenkammer hinaustrug, wurden zwanzig Leichen aus den Trümmern eines eingestürzten Hauses dorthin gebracht ... Wer weiß, wie lange er in seinem Grabe ruhen wird, wer weiß, wie viele auf dieses kleine Fleckchen Erde warten ...

Im Verborgenen kam er zur Welt, still lebte er, still starb er, und noch stiller wurde er zu Grabe getragen.

* * *

Doch nicht so war es in *jener* Welt! Dort machte Bonzies Tod einen gewaltigen Eindruck.

Der große Schofar, der für die Zeit der Ankunft des Messias bereitlag, verkündete in allen sieben Himmeln: »Bonzie Schweig verließ seine körperliche Hülle auf Erden!«

Die größten Engel mit den breitesten Flügeln riefen in ihrem Fluge einander zu: »Bonzie wurde zum Sitz der Heiligen im Paradies berufen!« Im Paradiese herrschte eitle Freude und Erregung.

Junge Engelchen mit funkelnden Äuglein, mit golddurchwebten Flügelchen und silbernen Pantöffelchen flogen freudig dem Bonzie entgegen. Das Geräusch der Flügel und das Klappern der Pantoffeln erfüllte alle Himmel und drang bis zum Throne des Allerhöchsten vor, und selbst Gott wußte schon, daß Bonzie Schweig naht.

Der Erzvater Abraham stellte sich vor die Himmelspforte, die rechte Hand zu einem freundlichen *Scholem Alejchem* ausgestreckt, und ein mildes Lächeln leuchtete auf seinem alten Antlitz.

Was rollt da durch den Himmel?

Zwei Engel rollen einen goldenen Großvaterstuhl für Bonzie ins Paradies.

Was hat so hell aufgeblitzt?

Eine goldene, edelsteinbesetzte Krone wird vorbeigetragen. Sie ist für Bonzie bestimmt.

»Noch vor dem Urteilsspruch des Himmlischen Gerichtes?« fragen die Zaddikim verwundert und nicht ohne stillen Neid.

»Oh«, antworten die Engel, »es wird doch nur eine reine Formsache sein. Gegen Bonzie Schweig wird auch der Ankläger nichts vorbringen können. Der Prozeß wird kaum fünf Minuten dauern!«

Als die Engelchen Bonzie Schweig in der Luft abfingen und ihm eine Hymne sangen, als Vater Abraham ihm wie einem alten Gefährten die Hand drückte, als er hörte, daß ein Stuhl im Garten Eden für ihn bereitstehe, daß eine Krone für ihn vorbereitet sei, daß im Himmlischen Gerichtshof über ihn fast nicht verhandelt werden wird, da hat Bonzie, wie er es immer zu seinen Lebzeiten tat, vor lauter Schreck geschwiegen. Das Herz stand ihm still. Er war überzeugt, daß es nur ein Traum war oder ein Irrtum.

War er doch an beides gewöhnt: Oft, wenn er noch auf *jener* Welt lebte, träumte er, daß er vom Boden Geld aufhebt, ganze Schätze – und wenn er dann erwachte, war er noch ärmer als zuvor. Manchmal lächelte ihn jemand aus Versehen an, sagte ihm ein freundliches Wort, aber sobald der Mensch dann seinen Irrtum merkte, wandte er sich ab und spie aus.

»Solch ein Glück habe ich schon«, denkt jetzt Bonzie traurig.

Und er fürchtet die Augen aufzuschlagen, der Traum soll nicht entrinnen; er könnte noch in einer Hölle mitten unter Schlangen und Skorpionen erwachen. Er fürchtet auch nur ein Wort zu sagen, auch nur ein Glied zu rühren, auf daß man ihn nicht erkenne und bestrafe.

Er zittert und hört nicht die Lobesworte der Engel; er sieht nicht, wie sie einen Reigen um ihn tanzen; er beantwortet nicht Erzvater Abrahams herzlichen Willkommensgruß, und als er vor das Himmlische Gericht tritt, begrüßt er es mit keinem Wort.

Er ist außer sich vor Schreck.

Und sein Schreck wird noch größer, als sein Blick auf den Fußboden des Gerichtssaales fällt: lauter Alabaster und Diamanten! ›Auf solchem Fußboden stehen jetzt meine Füße‹, denkt er ganz bestürzt. ›Wer weiß, welchen vornehmen Mann, welchen Rabbi oder Zaddik man erwartet. Und wenn er kommt, wird es mein bitteres Ende sein.‹

Vor Schreck hört er nicht einmal, wie der Gerichtspräsident laut verkündet: »Der Fall Bonzie Schweig«, und indem er dem Verteidiger die Akten übergibt, denselben ermahnt: »Lies, doch mache es kurz!«

Dem armen Bonzie wird schwindlig vor den Augen, der ganze Saal dreht sich um ihn im Kreise, und nur allmählich unterscheidet er schärfer und deutlicher die Stimme seines Verteidigers, die so süß wie eine Geige klingt:

»Sein Name paßte ihm wie ein Gewand, das von einem genialen Meister angefertigt einem schlanken Körper paßt.«

»Was redet er da?« fragt sich Bonzie und hört, wie eine ungeduldige Stimme den Verteidiger unterbricht:

»Ohne Gleichnisse bitte!«

»Er hat niemals«, fährt der Verteidiger fort, »über jemanden geklagt, weder über Gott noch über Menschen. In seinen Augen flammte niemals ein Funke des Hasses auf, und niemals hob er seine Augen anklagend gegen den Himmel.«

Bonzie versteht wieder kein Wort, doch eine harte Stimme unterbricht den Verteidiger:

»Ohne Rhetorik!«

»Hiob hielt es nicht aus, doch Bonzie war unglücklicher als Hiob.«

»Tatsachen, bitte, trockene Tatsachen!« ruft mit steigender Ungeduld der Präsident des Gerichtshofes aus.

»Mit acht Tagen wurde er beschnitten ...«

»Ohne Realismus, bitte!«

»Mohel, der Beschneider, war ein Pfuscher und konnte das Blut nicht stillen.«

»Weiter.«

»Doch er schwieg noch immer«, fährt der Verteidiger fort, »sogar als er seine Mutter verlor und mit dreizehn Jahren eine Stiefmutter bekam, die böse und giftig wie eine Schlange war.«

»Vielleicht meint man doch mich?« denkt Bonzie.

»Bitte ohne Anspielungen gegen dritte Personen«, spricht der Präsident mit grollender Stimme.

»Sie kargte ihm jeden Bissen. Sie gab ihm altes, verschimmeltes Brot, und statt Fleisch bekam er Sehnen. Sie selbst aber trank Kaffee mit Sahne«, setzte der Verteidiger unbeirrt seine Ansprache fort.

»Zur Sache!« ruft der Präsident.

»Sie geizte nicht mit rohen Schlägen, und sein braun und blau unterlaufener Körper sah aus allen Löchern seiner zerrissenen, schäbigen Kleider hervor. Im größten Frost mußte er barfuß Holz auf dem Hofe spalten; seine Hände waren zu schwach, die Holzklötze zu dick und die Axt zu stumpf ... Oft renkte er sich dabei den Arm aus, oft froren seine Füße wund, doch er *schwieg* immer, selbst vor seinem Vater ...«

»Vor dem Trunkenbold?« lacht der Ankläger dazwischen, und Bonzie durchläuft es kalt in allen Gliedern.

»... klagte er niemals«, beendet der Verteidiger seinen Satz. »Und immer elend, immer alleine«, fährt er weiter fort, »keinen Freund hatte er, keine Schule, kein einziges ganzes Gewand ... keine freie Minute ...«

»Tatsachen!« ermahnte wieder der Präsident.

»Er schwieg sogar später, als sein betrunkener Vater ihn einmal in einer frostigen Winternacht an den Haaren faßte und aus dem Haus hinauswarf. Er erhob sich rasch aus dem tiefen Schnee und ging, wohin ihn seine Augen führten.

Auch auf seinen Wanderwegen schwieg er ... und sogar wenn er den größten Hunger verspürte, bettelte er nur mit den Augen.

Erst in einer nebligen, feuchtkalten Winternacht kam er in eine große Stadt. Wie ein Wassertropfen im Meer war er dort, doch verbrachte er gleich die erste Nacht im Arrest. Er schwieg und fragte nicht warum und wofür. Als er aus dem Gefängnis herauskam, suchte er sogleich die schwerste Arbeit. Und schwieg. Immerzu schwieg er.

In kaltem Schweiß gebadet, unter den schwersten Lasten gebeugt, Hungerkrämpfe im leeren Magen ... schwieg er.

Von fremdem Kot bespritzt, von fremden Mündern bespien, vom Bürgersteig auf die Straße gestoßen, zwischen Droschken, Equipagen und Trambahnen wankend, jeden Augenblick dem Tod in die Augen sehend – schwieg er.

Er rechnete niemals nach, welche Menge Last auf einen Groschen seines Lohnes kam, wie oft er bei einem Gange hinfiel, für den er nur einen Pfennig Lohn bekam; wie oft er beinahe die Seele aushauchte, wenn er um seinen Lohn bat. Er rechnete niemals nach, weder seinen eigenen Verdienst noch den eines anderen ... Er schwieg.

Selbst seinen eigenen Lohn forderte er niemals laut. Er stand wie ein Bettler vor der Tür, und nur seine Augen bettelten still und ergeben. ›Komm später‹, hörte er oft, und er entfernte sich leise wie ein Schatten, um später noch stiller um seinen Lohn zu betteln.

Er schwieg sogar, wenn er seinen Lohn nicht vollständig erhielt oder wenn man ihm eine falsche Münze gab.«

»Man meint also doch mich!« tröstet sich Bonzie.

»Einmal«, fährt der Verteidiger fort, nachdem er einen Schluck Wasser zu sich genommen hatte, »einmal trat in seinem Leben eine Wendung ein. Eine Equipage auf Gummirädern raste mit wildscheuen Pferden durch die Straße. Der Kutscher lag schon längst mit zerbrochenem Schädel irgendwo auf dem Straßenpflaster. Schaum spritzte aus den Mäulern der erschrockenen Pferde, Funken stieben unter ihren Hufen; ihre Augen glühten wie brennende Fackeln in einer finsteren Nacht, und in der Equipage sitzt, mehr tot als lebendig, ein Mensch.

Und Bonzie hielt die Pferde auf!

Der Gerettete war ein Jude, ein bekannter Wohltäter, und er vergaß nicht Bonzies mutige Tat.

Er übergab ihm die Peitsche des getöteten Kutschers, und Bonzie wurde nun zum Kutscher des reichen Mannes. Ja, mehr noch – er verheiratete ihn und versorgte ihn sogar mit einem Kinde ... Und Bonzie schwieg immer noch.«

»Mich meint man, mich!« Bonzie zweifelt nicht mehr daran, und doch hat er nicht den Mut, einen Blick auf den Himmlischen Gerichtshof zu werfen.

Er hört, wie sein Verteidiger im Himmel fortfährt:

»Er schwieg auch, als sein Wohltäter kurze Zeit darauf sein Vermögen verlor und ihm seinen Lohn nicht mehr zahlen konnte.

Er schwieg sogar, als seine Frau ihm davonlief und ihn mit einem Säugling zurückließ.

Er schwieg auch fünfzehn Jahre später, als dieses Kind bereits groß und stark geworden war – und Bonzie aus dem Hause hinauswarf...«

»Mich meint er, mich!« freut sich Bonzie.

»Er schwieg auch«, beginnt der Verteidiger aufs neue, und diesmal war seine Stimme weicher und trauriger, »als der gleiche Wohltäter mit allen seinen Gläubigern Vergleiche schloß und nur ihm, Bonzie, keinen Groschen von seinem Lohn zurückzahlte. Ja, er schwieg sogar dann, als derselbe, wieder in einer Equipage mit Gummirädern und löwenstarken Pferden durch die Straßen rasend, ihn, Bonzie, überfuhr.

Er schwieg immer noch. Auf der Polizei sagte er nicht einmal, wer ihn überfahren und so schwer verletzt hatte...

Er schwieg auch im Spital, wo man doch schreien darf.

Er schwieg sogar, als der Arzt sich weigerte, ohne ein Entgelt von fünfzehn Kopeken an sein Bett zu treten, und der Krankenwärter ohne fünf Kopeken Lohn ihm die Wäsche nicht wechseln wollte.

Er schwieg in der Agonie, er schwieg auch im Sterben.

Kein Wort gegen Gott, kein Wort gegen Menschen!

Ich habe gesprochen.«

Bonzie fängt wieder an, am ganzen Leibe zu zittern. Weiß er doch, daß nach dem Verteidiger der Ankläger das Wort haben wird. Wer weiß, was *der* sagen wird! Bonzie selbst hat von seinem Leben nur weniges im Gedächtnis behalten. Erst sein Verteidiger brachte ihm jetzt das alles in Erinnerung. Wer weiß, woran ihn der Ankläger erinnern wird.

»Meine Herren!« fängt der Ankläger mit scharfer, stechender Stimme an, doch er bricht jäh ab.

»Meine Herren!« beginnt er wieder, diesmal schon mit weicher Stimme. Und wieder gerät er ins Stocken.

Schließlich erklingt es mild aus seinem Munde:

»Meine Herren, er schwieg. So will auch ich jetzt schweigen.«

Es wird still – und eine neue, sanfte, bebende Stimme erklingt.

»Bonzie, mein Kind, Bonzie«, klingt diese Stimme, die einer Harfe gleicht. »Mein Herzenskind Bonzie.«

In Bonzie schluchzt das Herz. Er möchte jetzt die Augen aufschlagen, doch sie sind voller Tränen. Niemals war ihm so süß und zugleich so traurig ums Herz. »Mein Kind, mein Bonzie.« Seit seine Mutter gestorben ist, hat er niemals wieder solch eine Stimme und solche zärtlichen Worte gehört.

»Mein Kind«, wendet sich der Himmlische Richter an Bonzie. »Du hast immer gelitten und geschwiegen. Jedes deiner Glieder, jeder Knochen in deinem Leibe ist eine blutende Wunde. Es gibt keine noch so verborgene Stelle deiner Seele, die nicht blutet und schmerzt, und du schweigst?

Dort auf Erden wußtest du vielleicht selbst nicht, daß du schreien kannst und daß von deinem Schrei die Mauern Jerichos erzittern und einstürzen. Du wußtest selbst nicht, welch verborgene Kraft in dir schlummert.

In *jener* Welt wurde dein Schweigen nicht belohnt, denn dort ist die Welt der Lüge; hier aber, in der Welt der Wahrheit, wirst du deinen Lohn bekommen.

Der Himmlische Gerichtshof wird dich nicht richten, über dich wird kein Urteil gefällt werden. Dein Verdienst kann nicht gemessen und gewogen, kann nicht als Lohn dir zugeteilt werden. Nimm dir, was du willst! Alles ist dein!«

Bonzie schlägt zum ersten Mal die Augen auf. Er wird geblendet vom hellen Licht, das von allen Seiten auf ihn eindringt. Alles blitzt und funkelt, und von allen Seiten strahlt es – von den Wänden, von den Geräten, von den Engeln und von den Himmlischen Richtern.

Und Bonzie senkt die Augen zu Boden.

»Ist es wirklich wahr?« fragt er zweifelnd und verschämt.

»Gewiß!« antwortet laut und klar der Himmlische Richter. »Ich sage dir doch: alles ist dein! Alles im Himmel gehört dir! Wähle und nimm, was du willst, denn du nimmst nur das, was dir gehört.«

»Wirklich?« fragte Bonzie wieder, doch schon mit einer sicheren Stimme.

»Gewiß! Gewiß! Gewiß!« antwortet man ihm von allen Seiten.

»Nun, wenn dem so ist«, sagt Bonzie lächelnd, »dann wünsche ich mir jeden Morgen eine warme Semmel mit frischer Butter darauf!«

Richter und Engel lassen verlegen die Köpfe hängen, der Ankläger aber lacht.

Wenn nicht noch höher

Eine chassidische Erzählung

An den Tagen der *Slichot* pflegte der Niemirower Rebbe jeden Frühmorgen sein Haus zu verlassen und irgendwohin zu verschwinden.

An solchen Tagen konnte man ihn nirgends finden, weder im Bethaus noch in den beiden Lehrstuben, auch nicht bei einem *Minjan* und schon gar nicht in seinem Hause. Die Tür stand immer offen. Jeder konnte ein und aus gehen, denn wer würde schon beim Rebben stehlen? Doch im Zimmer war keine Seele zu sehen.

Wo mag der Rebbe sein?

Wo soll er denn sein? Sicher im Himmel. Hat doch der Rebbe vor den *Jomim Noroim,* vor den Hohen Feiertagen, vieles für seine Gemeinde zu besorgen, wie für arme Juden eine Erwerbsmöglichkeit erbitten, ein friedliches Dasein, Gesundheit und einen guten Ehepartner für ihre Kinder. Sie sollen alle wohltätig und fromm sein, doch die Sünden sind groß, und Satan mit seinen tausend Augen späht von einem Ende der Welt zum anderen, und was er sieht, das klagt er *oben* an. Und wer soll da helfen, wenn nicht der Rebbe?

So dachten die Leute.

Einmal jedoch kam ein Litauer Jude ins Städtchen und spottete über die Leute, die so dachten. Kennt Ihr doch die Litauer: Sie glauben nicht an Buße- und Erbauungsbücher, sie lesen sie gar nicht. Dagegen lernen sie eifrig die Talmudtraktate und die Kommentare. Und so wandte der talmudbeflissene Litauer im Gespräch mit den gläubigen Chassidim ein: »Nicht einmal unser Lehrer Moses stieg in seinem Leben zum Himmel hinauf. Er blieb bekanntlich auf Erden, tief unter dem Himmel....« Wie kann man mit einem Litwak streiten?

»Doch wo ist der Rebbe?«

»Ist das meine Sorge?« antwortete er achselzuckend. Gleichzeitig (was so ein Litwak doch vermag!) beschloß er, der Sache nachzugehen.

Am selben Abend, gleich nachdem das *Maariv*-Gebet gesprochen war, schlich der Litauer heimlich ins Zimmer des Rebben, kroch unter sein Bett und blieb still liegen. Er beschloß, dort die Nacht zu durchwachen, um zu sehen, wohin der Rebbe verschwindet und was er in der *Slichot*-Zeit tut.

Ein anderer würde vielleicht einschlummern und die Zeit verschlafen, doch der Litauer fand einen Ausweg, dieses zu verhindern: er murmelte auswendig einen ganzen Talmudtraktat vor sich hin!

Im Morgengrauen hörte er, wie man die Frommen zu dem *Slichot*-Gebet weckte.

Der Rebbe schlief schon lange nicht. Seit einer Stunde hörte er ihn stöhnen.

Wer den Nimierower jemals stöhnen gehört hat, der weiß, wieviel Schmerz um die Not aller Juden, wieviel Leid in jedem Seufzer des Rebben lag... Die Seele verging einem vor Leid, wenn man seinem Stöhnen lauschte! Doch ein Litauer hat ein Herz aus Stahl, er hörte das Stöhnen und lag doch ruhig weiter unter dem Bette und rührte sich nicht. Auch der Rebbe blieb noch liegen: der Rebbe, lang möge er leben, auf dem Bett, der Litauer unter dem Bett.

Etwas später hörte der Litauer, wie das Hausgesinde aufwachte, wie man Gebetssprüche murmelte, sich Wasser über die Fingernägel goß und wie die Türen auf- und zugingen. Dann verließen die Männer das Haus. Es wurde wieder still und dunkel, und durch das Fenster drang blasses Mondlicht ins Zimmer.

Der Litauer gestand später, daß ihn Angst und ein ehrfurchtvolles Schaudern überkam, als er mit dem Rebben allein blieb. Er spürte ein Zittern auf seiner Haut. Die Wurzeln seiner Schläfenlocken stachen wie Nadeln.

Man bedenke: *allein* in der Stube mit dem Rebben um die *Slichot*-Zeit, bei Morgengrauen . . .

Ein Litauer ist aber eigensinnig, und obwohl er wie ein Fisch im Teiche bebte, blieb er weiter liegen.

Endlich stand der Rebbe, lang leben möge er, auf.

Nachdem er Wasser über die Fingernägel gegossen hatte, öffnete er die Kleidertruhe und nahm einen Packen Bauernkleider heraus: Hosen aus grobem Leinen, große Stiefel, eine Pelzmütze mit breitem, ledernem Rand und mit Messingnägeln befestigt.

Der Rebbe zieht die Bauernkleider an.

Aus der Tasche des Überrockes starrt der Zipfel eines groben Strickes heraus – ein Bauernstrick!

Der Rebbe geht aus dem Zimmer, der Litauer ihm nach.

Aus dem Flur tritt der Rebbe in die Küche, beugt sich unter ein Bett, zieht eine Axt hervor, verbirgt sie in den Falten des Rockes und verläßt das Haus.

Der Litauer, vor Angst bebend, folgt dem Rebben.

Über den dunklen Gassen schwebt die stille, scheue

Trauer der Bußtage. Aus einer der Betstuben dringt wehmutsvoll ein Aufschrei eines *Slichot*-Betenden, dann aus einem der nachtdunklen Fenster das Stöhnen eines Kranken. Der Rebbe schreitet den Straßenrand im dunklen Schatten der Häuser entlang. Zwischen den Häusern wird die Gestalt des Rebben sichtbar und dann auch die des Litauers, der ihm leise folgt.

Der Litauer hört das Pochen seines eigenen Herzens, wie es mit den schweren Tritten des Rebben zusammenklingt; doch er schreitet weiter und kommt zur gleichen Zeit mit dem Rebben aus der Stadt hinaus.

Hinter der Stadt befindet sich ein Wäldchen.

Der Rebbe, lang leben möge er, tritt ins Wäldchen ein. Nach dreißig oder vierzig Schritten bleibt er vor einem Baume stehen, und der Litauer sieht, vor Schrecken erstarrend, wie der Rebbe aus den Falten seines Rockes die Axt herauszieht und den Baum zu fällen beginnt.

Er sieht, wie kräftig der Rebbe die Axt schwingt, und hört, wie das Bäumchen krächzt und dann zu Boden fällt. Und der Rebbe spaltet das Holz in dünne Scheite. Mit dem Strick aus der Tasche bindet der Rebbe die Scheite zu einem Bündel zusammen und wirft es über die Schulter. Dann steckt er die Axt wieder in die Falten des Rockes, verläßt das Wäldchen und geht langsam zur Stadt zurück.

In einem Hintergäßchen bleibt er vor einem armen, halb eingesunkenen Häuschen stehen und klopft ans Fensterchen.

»Wer ist dort?« klingt eine erschrockene, schwache Stimme aus dem Fenster hinaus. Der Litauer erkennt die Stimme einer kranken Frau.

»*Ja*, ich!« antwortet der Rebbe in der Sprache der Bauern, das heißt auf Weißrussisch.

»*Kto ja?* Wer ich?« fragt die Frau aus der Stube. Und der Rebbe antwortet wieder auf Weißrussisch:

»Ja, Vasil!«

»Welcher Vasil und was willst du, Vasil?«

»Holz«, sagt der als Vasil verkleidete Rebbe. »Holz habe ich zu verkaufen . . . halb umsonst.«

Und ohne eine Antwort abzuwarten, tritt der Rebbe ins Zimmer ein.

Der Litauer schleicht auch hinterher, und beim blassen Licht des frühen Morgens sieht er eine arm eingerichtete Stube mit zerbrochenem Hausrat. Im Bette liegt eine alte Frau in Lumpen gehüllt. Mit einer verbitterten Stimme sagt sie:

»Kaufen? Womit soll ich es denn kaufen? Woher soll ich, arme Witwe, das Geld hernehmen?«

»Ich werde es dir auf Borg geben«, antwortet der verkleidete Vasil. »Es sind doch nur sechs Groschen.«

»Womit soll ich es dir denn zahlen?« seufzt die alte Frau.

»Närrin du«, weist sie der Rebbe zurecht. »Sieh doch, du bist eine arme, kranke Jüdin, und ich überlasse dir das bißchen Holz. Ich bin sicher, daß du es mir einmal bezahlen wirst. Und du? Du hast doch einen starken, großen Gott und traust *Ihm* nicht? Die lächerlichen geringen sechs Groschen für das Bündelchen Holz?«

»Und wer wird mir den Ofen heizen?« stöhnt die Witwe. »Hab ich denn Kraft aufzustehen? Mein Sohn ist ja bei seiner Arbeit umgekommen . . .«

»Ich werde dir auch den Ofen heizen«, sagt der Rebbe.

Und während er das Holz in den Ofen legt, murmelt der Rebbe leise stöhnend das erste der *Slichot*-Gebete.

Und als er das Feuer im Ofen entfacht hat und das Holz

knisternd zu brennen beginnt, spricht der Rebbe das zweite Bußgebet.

Das dritte in der Reihe der Bußgebete sprach der Rebbe, als das Holz schon zu Ende gebrannt war und er das Türchen des Blechofens schloß.

Der Litauer, der das alles gesehen hatte, blieb dann sein Leben lang ein Chassid, ein frommer Anhänger des Niemirower Rebben.

Wenn dann mal später ein Chassid zu erzählen anfing, daß der Niemirower um die *Slichot*-Zeit, bei Morgengrauen, in den Himmel hinaufflog, lachte der Litauer nicht mehr, sondern fügte ganz still hinzu:

»Wenn nicht noch höher!«

Drei Geschenke

Die Waage im Himmel

Vor vielen, vielen Jahren hauchte irgendwo weit in der Welt ein Jude seine Seele aus.

Nach seinem Tode – ewig leben kann doch niemand – wurde er nach Brauch und Sitte begraben. Nachdem der letzte Spaten Erde das Grab bedeckt und der verwaiste Sohn das *Kaddisch*gebet gesagt hatte, entschwebte die Seele zum Himmel, um den Richtspruch des Hohen Himmlischen Gerichtes zu vernehmen.

Kaum langte die Seele dort an, stand schon vor dem Sitz des Gerichtshofes die Waage bereit, auf welcher die Übeltaten und die *Mitzves*, das heißt, die guten Taten, gewogen werden.

Und es erscheint der Verteidiger des Verstorbenen, sein *guter Trieb*. Mit einem schneeweißen, hellen Säckchen in der Hand stellt er sich zur rechten Seite der Waagschale auf.

Der Ankläger des Toten kommt, sein ehemaliger *böser Trieb*, und stellt sich mit einem dunklen, vor Schmutz starren Säckchen in der Hand zur linken Seite der Waagschale.

In dem reinen, weißen Säckchen sind die guten Taten;

in dem dunklen, schmutzigen die Sünden des Verstorbenen. Der Verteidiger schüttelt aus seinem weißen Säckchen auf die rechte Waagschale die *Mitzves* – sie duften wie Balsam und leuchten wie Sternchen am Himmel. Der Ankläger schüttelt aus seinem schwarzgrauen Säckchen die bösen Taten auf die linke Waagschale – und diese sind, möge Gott Euch davor bewahren, schwarz wie Kohle, und ihr Geruch gleicht dem von Pech und Schwefel.

Und die arme Seele steht und staunt – sie hätte nie gedacht, daß zwischen *Gut* und *Böse* der Abgrund so tief sei. Dort unten auf Erden hat er sie oft nicht erkannt und hat das eine für das andere gehalten.

Und die Waagschalen schwingen langsam auf und ab; einmal die eine und einmal die andere ... Das Zünglein zittert, bewegt sich auf Haaresbreite nach links und dann auf Haaresbreite nach rechts.

Nur auf Haaresbreite ... War doch der Verschiedene ein einfacher Jude, handelte niemals bewußt wider das Gebot, opferte auch nicht seine Seele auf *Kiddusch-Haschem*, zur Heiligung Seines Namens. Seine guten Taten waren klein; klein auch seine Übeltaten, Sandkörnern und Staubkörnchen gleich – kaum dem Auge sichtbar ...

Und dennoch, wenn das Zünglein an der Waage um Haaresbreite nach rechts rückte, hörte man in den oberen Welten Jubelrufe; bewegte sich aber das Zünglein, bewahre Gott, nach links, drang ein Seufzer der Trauer bis zum Throne des Schöpfers empor.

Die beiden Engel schütteln langsam und bedächtig ein Körnchen nach dem anderen aus ihren Säcken auf die Waagschalen. Endlich sind die Säckchen leer – auch ein Brunnen wird nach und nach erschöpft.

»Schon?« fragt der Gerichtsdiener, ein Engel unter den anderen Engeln des Himmels.

Die Engel des bösen und des guten Triebes stülpen ihre Säckchen um: sie sind leer. Da nähert sich der Gerichtsdiener der Waage und schaut, wo das Zünglein stehen blieb: rechts oder links. Er sieht erstaunt die Waagschalen an und sieht etwas, das noch nie vorgekommen war, seit Himmel und Erde erschaffen wurden.

»Was dauert es so lange?« fragt der Vorsitzende des Gerichts.

Der Diener stammelt verwirrt:

»Gleich, gleich! Das Zünglein steht genau in der Mitte!«

Die Sünden wiegen gleich schwer wie die guten Taten.

»Ganz genau?« fragt man vom Gerichtstisch.

Der Diener sieht nochmals nach und antwortet:

»Haargenau!«

Die Richter des Himmlischen Gerichts beraten miteinander, und nach langer Überlegung fällt der Urteilsspruch:

»Weil die Sünden die guten Taten nicht überwiegen, kann die Seele nicht zur Hölle verurteilt werden. Doch andererseits wiegen die guten Taten auch nicht schwerer als die bösen, und somit können die Pforten des Paradieses für die Seele auch nicht geöffnet werden... Somit soll die Seele stets wandern und zwischen Himmel und Erde schweben, bis Gott sich ihrer erbarmt und ihr Seine Gnade gewährt.«

Und der Gerichtsdiener faßte die Seele sanft an und führte sie aus der Halle des Himmlischen Gerichtes hinaus. Die arme Seele aber klagt und jammert über ihr bitteres Los.

»Weshalb weinst du?« fragt der Diener. »Du wirst die Freuden Edens wohl nicht genießen, dagegen aber auch die Qualen der Hölle nicht erleiden.«

Die Seele aber läßt sich nicht trösten:

»Besser die größten Qualen erdulden, als ziellos im leeren Raum zu irren!«

Der Diener fühlt Mitleid mit der armen Seele und gibt ihr einen Rat:

»Fliege«, sagt er, »mein Seelchen, hinab und bleibe nahe über der Erde der Lebenden ... Schaue nicht zum Himmel empor, denn was wirst du denn sehen jenseits des Himmelsgewölbes? Vielleicht Sternlein. Doch diese sind zwar leuchtende, aber kalte Geschöpfe, die kein Mitleid kennen. Sie werden sich um dich nicht kümmern, sie werden dich bei Gott nicht in Erinnerung rufen.

Nur die Zaddikim, die frommen Gerechten im Paradies, könnten sich um eine arme, irrende Seele bemühen. Und sie, so hör doch, mein Seelchen, sie lieben Geschenke. Schöne Gaben«, fügte er bitter hinzu. »So ist eben die Art der heutigen Zaddikim! Fliege doch, mein Seelchen«, sprach er weiter, »über die Erde der Lebenden und sieh zu, wie die Menschen dort leben und wie es ihnen ergeht. Und erblickst du mal etwas, das ganz ungewöhnlich schön und gut ist, ergreife es und fliege damit zum Himmel empor. Das wird ein Geschenk für die Zaddikim im Paradiese sein. Und mit diesem Geschenk in der Hand poche an die Pforte des Himmels und melde dich beim Pförtnerengel. Sage ihm, daß du auf mein Geheiß hin zu ihm kommst! Und nachdem du drei solche Geschenke gebracht haben wirst, sei sicher, die Pforten des Paradieses werden sich dir öffnen. Die Zaddikim werden es erwirken.«

Indem er so sprach, drängte er sanft die Seele aus dem Himmel hinaus.

Das erste Geschenk

So schwebt das arme Seelchen niedrig über die Erdenfläche dahin und sucht immerfort nach Geschenken für die Zaddikim im Himmel. Und es irrt über Dörfer und Städte und über die kleinsten menschlichen Anwesen dahin – im Sommer bei sengender Sonne und durch kalte, wie mit Nadeln stechende Wassertropfen um die Regenzeit; durch zart silbernes Spinnengewebe, das gegen Sommerende in der Luft hängt und durch Schneeflocken, die im Winter von der Höhe fallen ... Und die Seele sucht und späht immer wieder bis zur Ermattung.

Wo immer das Seelchen einen Juden erblickt, fliegt es hastig auf ihn zu und sieht ihm tief in die Augen: Ob er vielleicht jetzt im Begriffe sei, den Namen Gottes zu heiligen? Wo nachts aus einem Ladenspalt ein Licht dringt, dort blickt das Seelchen hinein, ob nicht in der stillen Stube Gottes zarte Blümchen wachsen – Wohltaten, die man im Verborgenen tut ...

Vergebens. Traurig wendet sich die Seele oft von den menschlichen Augen und den leuchtenden Fenstern ab, erschreckt und enttäuscht.

Unendlich viele Monden- und Sonnenläufe vergehen, und Schwermut befällt die arme Seele. Städte sind schon lange in Friedhöfe verwandelt worden, und Friedhöfe in Ackerfelder; Wälder wurden ausgerodet, Ströme wechselten ihren Lauf, unzählige Sterne lösten sich vom Himmelsgewölbe, Millionen Seelen zogen zum Himmel empor – und Gott gedachte noch immer nicht der armen Seele, die bisher immer noch keine ungewöhnliche, schöne Gabe auf ihrer Wanderung gefunden hat.

Und die Seele denkt voller Trauer: ›Die Welt ist

armselig, die Menschen mittelmäßig, und grau ist ihre Seele; ihre guten Taten klein und nichtig. Wie können sie dann *ungewöhnlich* sein? Ich bleibe wohl auf ewig so ziellos wandernd und verstoßen.‹

In solche trübe Gedanken versunken, schlug ihr plötzlich ein roter Flammenstrahl in die Augen; mitten in der finsteren, schweren Nacht – eine grellrote Flamme!

Die Seele blickt um sich: aus einem hohen Fenster schlägt eine Flamme . . .

Räuber sind ins Haus des reichen Mannes gedrungen, mit Masken auf ihren Gesichtern. Der eine hält eine brennende Fackel in der Hand und beleuchtet das Zimmer; ein zweiter hält ein scharfes, blitzendes Messer vor die Brust des reichen Mannes und wiederholt immerfort: »Wenn du dich rührst, Jude, so ist es dein Ende! So wird mein Messer dir Brust und Rücken durchbohren!«

Die anderen Räuber leeren Schränke und Truhen.

Der Jude steht ruhig und gelassen und sieht dem Treiben zu. Keine Wimper zittert über seinen hellen Augen, kein Haar seines weißen, bis zu den Lenden reichenden Bartes rührt sich. Es sieht so aus, als würde ihn nicht angehen, was da vor sich geht. ›Gott hat gegeben, Gott hat genommen‹, denkt er, ›gepriesen sei Sein heiliger Name. Mit diesen Schätzen kommt man nicht zur Welt, und ins Grab nimmt man sie auch nicht mit.‹ So flüstern seine blassen Lippen.

Und er sieht ganz ruhig zu, wie man die letzte Schublade der letzten Kommode öffnet und wie man derselben Säckchen mit Gold und Silber, Schmuck und kostbare Geräte entnimmt, und er schweigt und denkt: ›Das alles ist überflüssig.‹

Doch plötzlich, als die Räuber auf das letzte Versteck stoßen und ein kleines Säckchen herausziehen, das allerletzte, das verborgenste, vergißt er jede Vorsicht. Seine Augen flammen zornig auf, und in einer abwehrenden Bewegung streckt er die rechte Hand aus. Ein Schrei bricht aus ihm:

»Rührt das nicht an!«

Ehe er einen Laut ausstoßen konnte, drang das Messer ihm tief ins Herz, ein roter, dampfender Blutstrom sprang aus seiner Brust und bespritzte das Säckchen.

Der reiche Mann fällt leblos zu Boden. Die Räuber öffnen hastig das Säckchen – hier wird wohl das Beste, das Kostbarste sein! Doch wie groß ist ihre Enttäuschung. Vergeblich wurde Blut vergossen: Im Säckchen ist kein Silber, kein Gold drin und keine Edelsteine; nichts das teuer wäre und einen Wert auf dieser Welt hätte! Im Säckchen lagen kleine Klümpchen Erde; Erde aus *Erez, aus Israel,* die man frommen Juden mit ins Grab legt, und das wollte der reiche Mann vor dem Griffe fremder Hände retten . . . Und so wurde das Säckchen mit seinem Herzblut bespritzt.

Die wandernde Seele griff nach einem solchen blutgetränkten Klümpchen der Heiligen Erde und meldete sich damit beim Pförtner der Himmelstore.

Das erste Geschenk ward angenommen.

Das zweite Geschenk

»Denk daran«, rief ihr der Engel zu, indem er die Himmelspforte schloß, »noch zwei Geschenke!«

›Gott wird helfen‹, denkt die Seele voller Hoffnung und fliegt freudig wieder hinab.

Mit der Zeit jedoch verblaßt die Freude. Wieder vergingen Jahre um Jahre, und nichts ungewöhnlich Schönes begegnete ihr. Und die traurigen Gedanken kommen ihr wieder in den Sinn.

Wie eine lebenspendende Quelle entsprang die Welt dem Willen Gottes und ergoß sich in die Unendlichkeit der Zeit. Und je weiter die Seele gelangte, desto mehr Staub und Erde nahm sie auf; trüber und unreiner wurde sie, immer weniger und weniger Geschenke für den Himmel findet man auf Erden. Die Menschen werden immer kleinlicher, geringer ihre *Mitzves*, schmutziger und böser ihre bösen Taten.

›Wenn Gott‹, so dachte weiter die Seele, ›befehlen würde, die guten und die schlimmen Taten aller Menschen auf die Waagschale zu legen, so würde sich das Zünglein der Waage kaum, kaum rühren.

Die Welt kann auch nicht hinab und nicht hinauf. Sie irrt auch irgendwo zwischen den hellen Himmeln und den finsteren Abgründen der Tiefe. Und Ankläger und Verteidiger vor dem Himmelsgericht werden wohl ewig miteinander ringen, wie Licht und Finsternis ewig ringen, Wärme mit Kälte, das Leben mit dem Tode . . .

Die Welt wiegt sich im Raume und kann weder hinauf noch hinab, und es werden deshalb ewig Ehebündnisse geschlossen, aber auch gelöst; Beschneidungen und Beerdigungen, Freudenmahl und Leichenschmaus, Liebe und Haß, im ewigen Kreislauf . . .‹

Plötzlich erschallt Horn- und Trompetenklang und wecken die Seele aus ihren Gedanken. Sie blickt zur Erde hinab – eine alte deutsche Stadt. Alte Häuser mit Erkern und schiefen Dächern umsäumen den Marktplatz vor dem Rathaus, vor welchem eine große Menge buntgekleideter Menschen versammelt ist. Aus den Fenstern schauen Neugierige hinaus, junge Männer und Kinder klettern auf Dächer und Giebelbalken; voll von Neugierigen sind alle Erker und Balkone.

Vor dem Rathaus steht ein Tisch mit grünem Tuch bedeckt, von Fransen und goldenen Troddeln umsäumt. Am Tische sitzen die Ratsherren in ihren Gewändern aus Samt, mit goldenen Krägen und federgeschmückten Zobelmützen, auf welchen goldene Knöpfe glänzen. Obenan sitzt der Vorsteher des Gerichtes, und ein grimmer Adler auf dem Wappen der Stadt weht über seinem Haupte.

An einer Seite des Tisches steht gefesselt ein jüdisches Mädchen. In einiger Entfernung halten zehn Knechte ein wildschäumendes Pferd an dem Halfter. Der Vorsteher erhebt sich und, das Gesicht der Menge zugewandt, liest er dem jüdischen Mädchen das Urteil der Schöffen vor:

»Die Jüdin hier, die jüdische Tochter, hat eine schwere Sünde verübt; eine Sünde, die so schwer wiegt, daß Gott selbst, wie groß auch Seine Barmherzigkeit ist, ihr nicht verzeihen kann.

Sie hat sich aus dem Judenghetto geschlichen und ist am letzten heiligen Feiertag in unseren reinen christlichen Gassen herumgewandelt. Mit ihren unverschämten Augen hat sie unsere heilige Prozession befleckt, unsere Heiligenbilder, die wir mit Lobgesängen und Schalmeienklang durch die Gassen trugen.

Ihre verfluchten Ohren haben den Gesang unserer weißgekleideten, unschuldigen Kinder und das Trommeln der heiligen Pauken vernommen. Wer weiß, ob nicht Satan, der unreine Teufel, in der Gestalt dieses jüdischen Mädchens, der Tochter des verdammten Judenrabbis, unseren Heiligenbildern dabei nahe kam und sie befleckte?

Was wollte er, der Teufel, in dieser schönen Gestalt? Denn es läßt sich nicht leugnen – schön ist sie, schön wie nur ein Teufel sie gestalten konnte. Seht nur diese frechstrahlenden Augen unter den keusch gesenkten, seidenen Lidern! Seht doch das Alabasterantlitz, welches in der langen Gefängnishaft noch blasser, doch nicht dunkler geworden ist! Seht doch ihre schmalen, langen Finger, von der Sonne durchleuchtet!

Und was wollte der Teufel? Eine fromme, christliche Seele in unserer heiligen Prozession aus ihrer Andacht reißen ... Und es gelang ihm.

›Seht doch das schöne Mädchen‹, rief plötzlich ein Ritter, Sproß einer unserer adeligen Familien, aus.

Das überstieg schon jedes Maß! Die Hellebardenträger bemerkten das Mädchen und faßten es. Er, der Teufel, setzte sich gar nicht zur Wehr. Ja, warum? Weil wir alle damals rein waren, von allen Sünden geläutert, und so hatte der Teufel keine Macht über uns.

Und so lautet denn das Urteil über den Teufel, der die Gestalt des jüdischen Mädchens annahm: Mit ihren langen, teuflischen Zöpfen soll sie an den Schweif dieses wilden Pferdes gebunden werden. Es soll durch die Gassen jagen, über welche das jüdische Mädchen, unsere heiligen Gesetze mißachtend, ging, und es wie einen Kadaver nachschleifen. Ihr Blut soll die Steine bespritzen und waschen, die sie mit ihren Füßen verunreinigt hat.«

Ein wildes Freudengeschrei aus allen Kehlen – und als das Geschrei verklang, fragt man die zum Tode Verurteilte, ob sie noch einen letzten Wunsch habe.

»Ja, ich habe einen Wunsch«, antwortete sie gelassen. »Ich bitte um einige Nadeln!«

»Sie ist von Sinnen vor lauter Angst«, meinten die Herren des Magistrats.

»Nein«, antwortete sie ruhig und kalt. »Das ist mein letzter Wunsch.«

»Man erfülle ihren Wunsch!« befahl der Richter.

»Und jetzt«, erklang laut die Stimme des Richters, »bindet sie!«

Die Hellebardenträger näherten sich dem Mädchen und banden mit zitternden Händen die schwarzen Zöpfe der Tochter des Rabbis an den Schweif des wilden Pferdes, das ungeduldig mit den Hufen stampfte.

»Bildet ein Spalier!« befahl der Richter der Menge auf dem Marktplatz. Die Menge geriet in unruhige Bewegung, die Menschen drängten sich an den Mauern der Häuser, und alle hoben ihre Hände, die Peitschen, Tücher, Spießruten schwingend, und alle sind jetzt bereit, das wilde Pferd zu hetzen. Sie keuchen schwer, Gesichter flammen, Augen blitzen wild, und keiner merkt in diesem Taumel, wie die Verurteilte sich niederbückt und den Saum ihres Kleides mit Nadeln an ihre Füße heftet und wie diese Nadeln tief, tief in ihre Haut dringen: sie tut es, damit ihr Leib nicht entblößt werden soll, wenn das Pferd sie durch die Gassen schleifen wird.

Niemand hat es gemerkt, nur dort oben die wandernde, irrende Seele.

»Laßt das Pferd los!« befiehlt der Gerichtsherr.

Die Knechte springen zurück. Das Pferd reißt sich los und beginnt wild zu rennen. Die Menge bricht in wütendes Geschrei aus. Die Peitschen, Ruten und Tücher pfeifen in der Luft, und erschrocken jagt das Pferd über den Markt, durch Gassen und Hintergäßchen, zur Stadt hinaus.

Und die irrende Seele zieht eine blutige Nadel aus dem Fuß der Verurteilten und fliegt damit zum Himmel empor.

»Bleibt nur noch ein Geschenk«, tröstet sie der Engel an der Himmelspforte.

Das dritte Geschenk

Und die Seele kehrt in die Niederungen zurück. Nur noch ein Geschenk soll sie bringen.

Jahre um Jahre vergehen, und wieder bedrücken düstere Gedanken die irrende Seele. Die Welt, so dünkt ihr, ist noch kleiner geworden, noch kleinlicher die Menschen und so auch ihre Taten, die guten wie die bösen.

Und die Seele denkt voller Trauer:

›Wenn Gott, gepriesen sei Sein Name, den Lauf der Welt zum Stillstand bringen und die Welt, wie sie eben ist, richten würde und wenn dann an einer Seite der Waage der Verteidiger aus seinem weißen Säckchen Körnchen um Körnchen schütteln sollte und auf der anderen Seite der Ankläger seine Brocken und Stäubchen auf die Waagschale ausleeren wollte, würde es unendlich lange dauern, bis die Säcke leer würden.

Und wenn die Säcke schon leer wären, was wäre dann?

Das Zünglein würde gewiß in der Mitte der Waage stehenbleiben. Wie kann es denn auch anders sein, wenn winzig kleine Strohhalme, Federchen, Stäubchen und Körnchen auf die Waagschalen kommen? Was soll da überwiegen?

Und wie würde Gott entscheiden? Wie fiele sein Urteil aus?

Zurück zum Tohuwabohu? Nein, die bösen Taten überwiegen doch nicht die *Mitzves*. Erlösung der Welt?

Auch nicht, denn die *Mitzves* wiegen nicht schwerer als die Sünden.

Wie soll man da entscheiden?

Bewege dich weiter, würde *Er* sagen, zwischen Hölle und Paradies, zwischen Liebe und Haß, Tränen des Erbarmens und siedendem Blut... Zwischen Wiege und Grab, weiter, weiter...‹

Der Seele war es aber bestimmt, erlöst zu werden. Aus ihren trüben Gedanken wurde sie durch Trommelwirbel geweckt.

Wo befindet sie sich denn, die arme Seele? Sie erkennt nicht den Ort, an dem sie weilt, noch die Zeit.

Sie sieht einen großen, freien Platz vor einem Gefängnis. An den eisernen Gitterstäben der kleinen Fensterchen leuchten die Sonnenstrahlen. Sie gleiten auch an den Bajonetten der an der Wand aufgestellten Gewehre hinab. Den Soldaten hat man in ihre Hände Ruten gedrückt.

Die Soldaten stehen in zwei langen Reihen mit schmalem Zwischenraum einander gegenüber. Ein Spießrutenlaufen soll bald beginnen.

Wer soll diese grausame Strafe erleiden?

Ein kleiner, unscheinbarer Jude, in einem zerrissenen Hemd auf seinem mageren Leib, ein Käppchen, seine *Jarmulke*, auf seinem halbgeschorenen Kopf, wird vorgeführt.

Wofür soll er bestraft werden? Was hat er verbrochen? Vielleicht einen Diebstahl begangen, vielleicht einen Raub verübt oder einen Mord? Vielleicht ist er gar unschuldig? Es soll doch schon mal vorgekommen sein, daß man einen schuldlosen Juden bezichtigt hat.

Und die Soldaten schmunzeln und denken: ›Wozu hat man uns in solch langen Reihen aufgestellt? Er wird doch nicht einmal die Hälfte unserer Schläge aushalten können.‹

Der Verurteilte wird zwischen die Reihen der Soldaten gestoßen. Er geht aufrecht, fällt nicht und strauchelt nicht einmal. Er empfängt die Rutenhiebe der Soldaten und hält stand.

Grimmiger Zorn erfaßt die Soldaten: ›Er geht noch, der Jude geht noch aufrecht!‹

Pfeifend sausen die Ruten in der Luft, und wie Schlangen winden sich die Hiebe um seinen Leib. In Strömen spritzt das Blut aus seinem mageren Körper, doch er schreitet vorwärts.

Da trifft die Rute eines wütenden Soldaten zu hoch und wirft dem Verurteilten die *Jarmulke*, seine Gebetkappe, vom Kopf. Nach einigen Schritten bemerkt es der Jude. Er bleibt stehen, als würde er nachdenken wollen, und er kehrt um. Ohne Jarmulke will er nicht weiter gehen. Er kehrt zurück, bis zu der Stelle, wo das Käppchen liegt, beugt sich nieder, hebt es auf und schreitet weiter, ruhig und bluttriefend, doch mit der *Jarmulke* auf dem Kopfe. So geht er, wankend schon, bis er tot zusammenbricht.

Als der Verurteilte niederfiel, flog die Seele auf ihn zu, ergriff die *Jarmulke*, um deretwillen so viele überzählige Rutenhiebe auf den Körper des Juden niedergesaust waren, und flog mit ihr zur Himmelspforte hinauf.

Auch das dritte Geschenk wurde angenommen.

Und die Zaddikim haben sich diesmal wirklich um die Seele bemüht: Die Tore des Garten Edens öffneten sich ihr nach dem dritten Geschenk.

Und der Hohepriester Aaron sagte zu den Zaddikim:

»Fürwahr, es sind schöne und erlesene Gaben: Sie haben wohl keinen Nutzenswert, doch sie sind wertvoller und herrlicher als die teuersten Edelsteine.«

Die Seelenwanderung einer Melodie

Eine Talner Melodie wollt Ihr hören? Das scheint im Fluge einfach zu sein – die Melodie eines Talner *Schalesschide* nehmen und sie nachsingen. Ist aber nicht so einfach, wie es Euch scheinen mag.

Die Talner Melodie muß in großer Gemeinschaft gesungen werden, die ganze Gemeinde muß mitsingen.

Ihr wollt mir helfen und mitsingen? Nein, meine lieben Brüder, mit Hilfe polnischer Chassidim läßt sich eine Talner Melodie nicht singen.

Ihr habt doch keine Ahnung, keine Vorstellung von Gesang!

Ich höre Eure Sänger, Eure Vorbeter! Es ist ein Kratzen, kein Singen – als würde man Hühner schlachten. Ihr verstümmelt sogar die *Sinai*-Melodien! Und Eure Märsche, Eure *Kosakl'ech*, die Tanzlieder? Sie sind ja noch wilder als Eure Grimassen und Bewegungen, Ihr sagt, das sei chassidisch? Nun bei uns, meine Lieben, gibt es eben andere Chassidim.

Woher unsere Melodien stammen? Vielleicht haben wir sie von unseren Vorfahren geerbt, und vielleicht konnten sie nur in unserer Landschaft entstehen.

In unserer Kiewer Gegend gibt es kein Haus ohne eine Geige.

Ein Kind aus gutem Hause oder, wie man bei uns sagt,

eines Vaters Kind, muß eine Geige haben, muß spielen können.

Wollt Ihr wissen, wie viele Männer in einem Hause sind? Blickt doch nur auf die Wände! So viele Geigen dort hängen, so viele Männer gibt es im Hause.

Alle spielen bei uns: der Großvater spielt, der Vater und auch der Sohn spielt...

Wie schade nur, daß jedes Geschlecht anders spielt, seine eigene Musik und eigene Melodien hat.

Der alte Großvater spielt *Sinai*-Weisen oder chasonische Melodien – wie die des *Kol-Nidrej, Schoschanas Jaakov* oder das *Lied vom gefesselten Zieglein*. Wer kann da alle Lieder aufzählen? Der Vater, ein treuer Chassid, erquickt seine Seele mit seines Rebben frommen Melodien. Der Sohn dagegen spielt schon nach Noten. Ja, man spielt sogar Lieder aus dem Theater! Wie das Geschlecht, so seine Musik.

Was machen Chassidim, wenn sie keinen Branntwein haben? Sie sprechen von Branntwein. Ganz allein singen, ohne die Hilfe seiner Brüder, ohne die Wärme des Nächsten zu spüren, kann man nicht. Laßt uns deshalb lieber von Musik sprechen.

Wisset, Musik ist eine erhabene Sache. Die Säulen Talnes sind ihre *Melawe-Malkes*, das sind die Sabbatmelodien beim Mahle, und das Wesentliche daran sind eben ihre eigenen Melodien.

Alles hängt jedoch davon ab, wer es singt und was er singt.

Mit den gleichen Ziegeln kann man ein jüdisches Bethaus oder eine Kirche bauen, einen Palast oder ein Gefängnis – und auch ein Armenasyl!

Mit denselben Buchstaben schreibt man die tiefsten Geheimnisse der Thora und – der Himmel bewahre uns davor – die schlimmsten Gotteslästerungen. Und mit den gleichen Tönen kann man bis zur höchsten Stufe der Begeisterung und der Inbrunst emporsteigen, und man kann auch in die Tiefen der Hölle hinabsinken und sich dort wie ein Wurm im Kote winden.

Ein Brief, wie man ihn eben liest, eine Melodie, wie man sie singt!

Nehmt, zum Beispiel, ein Lied der Freude, unser *Freylechs*. Es kann der *Melawe-Malke*-Gesang eines heiligen Schabbes-Schire sein; es kann aber auch die sinnliche Freude eines hemmungslosen Menschen unserer sündigen Welt sein.

Eine Melodie brennt von Liebe durchtränkt; aber es gibt viele Arten von Liebe: es gibt eine Liebe zu Gott, eine Liebe zu den Geschöpfen Gottes, eine Liebe zum Volke Israel und dem heiligen Lande. Manche haben aber nur sich selbst lieb oder gar, Gott bewahre, ein fremdes Weib.

Eine Melodie klagt, eine Melodie weint. Doch die eine klagt um das verlorene Paradies, die zweite klagt über die Verbannung der *Schechina*, der Gottesherrlichkeit, über die Zerstörung des Tempels, über unsere Armut und Demütigung. Eine andere Melodie klagt über den Schmerz einer enttäuschten Liebe.

Es gibt eine Melodie der Sehnsucht; doch wonach sehnt sich die Melodie? Eine Seele sehnt sich nach ihrem Ursprung, und ein alter zahnloser Hund sehnt sich nach der Kraft und den mächtigen Trieben seiner jungen Jahre.

Nehmt zum Beispiel das Liedchen:

Reb Dovidel wohnte in Wassilkow, in Wassilkow,
und heut wohnt er in Talne,
Reb Dovidel, Reb Dovidel, wohnte in Wassilkow,
heute wohnt er in Talne.

Talner Chassidim singen es, und es singen das Liedchen auch die Wassilkower. Doch wenn es die Talner singen, ist es ein wahres *Freylechs*. Es schäumt und glüht vor Freude und Lust. Singen es aber die Wassilkower, so ist es voller Leid und Trübsal. Es hängt doch alles vom Gemüt ab und von der Seele, welche in die Melodie dringen und sie durchtränken.

* * *

Die Melodie, das sollt Ihr wissen, ist ein Gefüge aus Stimmen oder, wie man das heute nennt, aus Tönen.

Die Stimmen oder die Töne entlehnt man der Natur, sie sind in der Welt der Schöpfung vorhanden. Hier wird nichts erneuert, denn in der Natur hat alles einen eigenen Klang, eine eigene Stimme, wenn nicht gar eine ganze Melodie.

Die Planeten im All – das ist doch erwiesen – singen. Tag und Nacht erklingen ihre Töne. Menschen und Vögel singen, auch das Hausvieh und die wilden Tiere preisen singend ihren Schöpfer. Ein Stein klopft gegen einen Stein, und Metall klingt. Auch Wasser, wenn es fließt, schweigt nicht. Und erst der Wald! Beim leisesten Wind singt er einen *Wulech*, eine *Walachische Dojna*. Einen stillen, süßen *Wulech*. Und die Eisenbahn, zum Beispiel, das böse Tier mit den rotflammenden Augen, betäubt sie uns denn nicht mit ihrem Gesang? Ja, sogar die stummen Fische – so las ich einst in einem alte Buch – geben manchmal Töne von sich. Sie schwimmen von Zeit zu Zeit ans Ufer, schlagen mit den Schwänzen auf den Sand oder an einen Stein und haben ihre Freude daran.

Gibt es denn wenig Töne? Man braucht nur ein Ohr haben, das die Töne wie ein Netz auffängt, sie aufsaugt wie ein Schwamm.

Doch Töne allein schaffen noch keine Melodie. Ein Haufen Ziegel ist noch kein Haus. Das ist erst der Leib der Melodie, sie muß aber auch eine Seele haben.

Und die Seele einer Melodie ist das Gefühl eines Menschen, seine Liebe, sein Zorn, seine Leutseligkeit, Rache, Sehnsucht, Reue, Schmerz – alles, alles, was ein Mensch fühlt, alles kann er durch eine Melodie ausdrükken – und die Melodie lebt!

Denn ich glaube, meine Freunde, daß das, was mich belebt und beseelt, ein eigenes Leben haben muß.

Wenn mich nun eine Melodie erfreut und ich durch sie neu beseelt werde, dann sage ich, daß die Melodie lebt...

Wollt Ihr einen Beweis? Nehmt eine Melodie, zerschneidet sie und singet sie verkehrt, zuerst die Mitte, dann den Anfang und schließlich das Ende. Nun, habt Ihr dann noch eine Melodie? Ihr habt dabei wohl die Töne, kein einziger Ton fehlt, doch die Seele ist weg! Ihr habt eine lebendige weiße Taube geschlachtet, und ihre Seele ist unter dem Messer entwichen.

Sie ist tot, es blieb nur die Leiche einer Melodie.

In Talne aber ist es klar wie die Sonne, daß eine Melodie ihr eigenes Leben hat.

* * *

Eine Melodie lebt, eine Melodie stirbt, und man vergißt eine Melodie, wie man einen Verstorbenen vergißt.

Jung und frisch war einmal die Melodie. Sie schäumte vor jungem Leben. Mit der Zeit wurde sie schwächer, sie verlor ihre Säfte und welkte dahin, bis schließlich ihr letzter Atemzug in der Luft verhallte und sie dann ganz erlosch.

Doch eine Melodie kann wieder zum Leben auferstehen...

Plötzlich erinnert man sich an eine alte Weise, sie steigt aus der Versunkenheit empor und dringt aus einem Munde. Unwillkürlich flößt man ihr ein neues Gefühl ein, eine neue Seele, und die wiedererwachte Melodie lebt.

Das ist die Seelenwanderung einer Melodie.

Doch Ihr versteht mich wohl kaum. Sprich mit einem Blinden über Licht!

Wißt Ihr was? Geschichten hört Ihr doch gerne. So werde ich Euch die Geschichte von der Seelenwanderung einer Melodie erzählen. Hört zu!

* * *

Drei, vier Meilen hinter Berditschew, gleich nach dem Walde, befindet sich das Städtchen Machnowke, und in Machnowke gab es eine recht gute Musikkapelle. Der Kapellmeister – Reb Chajimel hieß er – war ein ausgezeichneter Musiker. Ein Schüler des berühmten Podhojzer aus Berditschew. Reb Chajimel hat keine neuen Melodien erfunden, das heißt, er war kein Komponist; doch ein Stück spielen, es verständlich deuten, es mit Herz und Seele beleben – das konnte er wohl. Darin lag seine Kraft.

Er war ein hagerer und trockener Mann, doch wenn er zu spielen begann, verwandelte er sich in einen ganz anderen Menschen. Die stets gesenkten Augenlider hoben sich langsam, und von seinen stillen, tiefen Augen strahlte ein Schein des Erbarmens und der Liebe über sein blasses Gesicht. Man konnte deutlich sehen, daß er jetzt wie abwesend über unserer Welt schwebte. Seine Hände führten den Bogen wie von selbst, und seine Seele flog weit, weit in die Welt der Klänge empor. Manchmal vergaß er sich und begann auch zu singen, und seine Stimme klang so rein und klar wie ein Klarinett.

Wäre dieser Chajimel nicht ein so frommer, einfacher, ja fast ein einfältiger Jude gewesen, so hätte er sich nicht mit seinen acht Kindern in Machnowke abquälen müssen. Er hätte schon irgendwo in einem Theater gespielt und gesungen oder wäre gar ein Kantor in einem Tempelchor in Berlin oder Paris geworden. Doch nur in Machnowke werden *solche* Leute geboren. Der fromme, einfältige Chajim bleibt im Städtchen und borgt monatelang in allen Krämerläden auf Rechnung einer reichen Hochzeit, die ein wohlhabender Bürger irgendeinmal feiern wird.

Und gerade damals sollte solch eine reiche Hochzeit gefeiert werden. Bei der reichsten Familie in Machnowke, bei Berl Katzners Witwe.

Berl Katzner selbst – man kann da wohl kaum *seligen Andenkens* sagen – war ein großer Wucherer und ein noch größerer Geizhals. Er gönnte sich selbst keinen Bissen und pflegte sogar die Reste der Mahlzeiten seiner Kinder aufzusammeln – ein so hartes Herz besaß dieser Mensch.

Vor seinem Tode, faßt schon in Agonie, rief er seinen Sohn ans Bett und ließ sich von ihm die Geschäftsbücher vorweisen. Mit seinen braun und blau unterlaufenen Fingern wies er auf die Schuldner hin, die mit den Zahlungen im Rückstande waren. »Auf keinen Fall Raten prolongieren, hörst du, mein Sohn? Gott bewahre dich davor!«

Nachher rief er seine Frau heran und befahl ihr, alles Kupfer, das an den Wänden hing, gut aufzubewahren. »Kaum schließe ich die Augen«, sagte er, »ist alles weg!« Und mit diesen Worten auf den Lippen verschied er.

Er hinterließ seinen Erben eine halbe Million.

Wie gesagt, seine Witwe verheiratet jetzt ihre Tochter. Sie hat es dabei sehr eilig, denn sie möchte sich selbst eine Partie vorschlagen lassen. Ein Stein ist ihr vom Herzen gefallen. Jetzt wird sie ein neues Leben beginnen können.

Und weil Chajimel, der Musikant, auch eine Tochter verheiraten muß, wartet er voller Hoffnung auf diese Hochzeit, wie man auf Messias wartet.

Fällt aber der Witwe ein, den berühmten Podhojzer aus Berditschew rufen zu lassen!

Ja, warum denn? Es werden die Mechotonim, die Eltern des Bräutigams, aus Kiew kommen, Musikkenner aus Kiew, und sie will beim *Bedecken* der Braut einen neuen *El-mole-Rachamim,* das Totengebet, nicht eine alte, abgedroschene Weise spielen lassen. Es wird wohl um vieles mehr kosten, doch die Kiewer werden hören und staunen!

Chajimel verging fast vor Ärger und Gram.

Im Städtchen herrscht Aufregung und Verdruß, denn Chajimel war bei allen sehr beliebt. Auch hatten alle großes Mitleid mit diesem bettelarmen Menschen. Man bemühte sich um einen Vergleich, und schließlich blieb es dabei, daß Reb Chajimels Kapelle zwar spielen wird, doch vor der Hochzeit sollte Reb Chajimel auf Kosten der Witwe nach Berditschew fahren und eine neue Melodie Podhojzers zum *El-mole-Rachamim* mitbringen.

Chajimel erhält von der Witwe einige Rubel. Die größere Hälfte davon läßt er aber für Frau und Kinder zurück. Er mietet eine Fuhre und fährt nach Berditschew.

Und hier beginnt die eigentliche Geschichte von der Seelenwanderung der Melodie.

* * *

Wie sagt man doch bei uns: ein Bettler hat Glück. Während Chajimel von der einen Seite nach Berditschew hineinkam, fährt Podhojzer von der anderen Seite aus Berditschew hinaus. Man hat ihn gerade nach Talne zu einem Malweh-Malke eingeladen. Der Talner Rebbe, das sollt Ihr wissen, hielt große Stücke auf Podhojzer. »Geheimnisse der Thora«, so pflegte er zu sagen, »sind in seinen Melodien verborgen. Schade nur, daß er es selbst gar nicht weiß.«

Chajimel irrt ratlos und verbittert in den Gassen der Stadt.

Was tun? Nach Hause fahren, ohne ein *El-mole-Rachamim* darf er nicht – es würde zu viel Ärger und Aufregung geben. Podhojzer nach Talne nachfahren oder warten bis er zurückkommt, kann er ebenfalls nicht – das knappe Geld, das er noch hat, reicht nicht dazu. Die Witwe hat ihm nur wenig Geld gegeben, und davon hinterließ er seiner Frau den größten Teil. Kummer und Leid bedrücken ihn schwer.

Plötzlich sieht er auf der Straße folgende Szene:

Stellt Euch doch vor, an einem schönen, klaren Wochentag geht durch die Straße eine junge Frau, festtäglich gekleidet oder, wie man in jenen Gegenden sagt, *in Honig und Essig* geschmückt. Auf dem Kopfe trägt sie eine seltsame Haube mit langen Bändern und Schnürchen in grellen, schreienden Farben. In der Hand hält sie eine große, weiße Silberschüssel.

Musikanten, Fiedel- und Flötenspieler gehen ihr nach; das Weibchen schreitet tänzelnd einher. Ab und zu bleibt sie mit den Musikanten vor einem Hause oder vor einem Laden stehen und führt einen Tanz auf. Von der Musik angelockt, strömen Menschen von allen Seiten herbei. Dicht gedrängt steht man an Fenstern und Türen . . .

Die Musik spielt, das Weibchen tanzt, die farbigen Bänder flattern in der Luft, der silberne Gabenteller funkelt und blitzt. Die Menge schreit *Masel-Tow* und wirft ihr Münzen zu. Zum Takte tänzelnd, fängt sie die klirrenden Münzen mit der Schüssel auf.

Was soll das bedeuten? Ein Ereignis besonderer Art, Berditschew ist eine jüdische Stadt und hat jüdische Bräuche, und es war ja üblich, für die Mitgift einer armen Braut zu sammeln.

Chajimel kannte diesen Brauch. Er wußte, daß die Weiber jedesmal neue Tänze erfinden und Podhojzer dazu seine Melodien verfaßt. Das war eben *seine* große *Mitzve*, seine gute Tat. Leute kommen zu ihm, erzählen ihm von der Braut, von ihrer Familie, von der Partie, von ihrer Armut . . . Er hört schweigend und mit geschlossenen Augen zu. Manchmal bedeckt er sein Gesicht mit den Händen, und wenn es schließlich still wird, fängt Podhojzer an, eine Melodie zu summen.

Das alles wußte Chajimel bereits – warum aber steht er jetzt so staunend mit offenem Mund und Ohren da?

Solch ein *Freylichs* hat er noch nie gehört. Es lacht und weint zugleich; es weckt in dir sowohl Trauer als auch Freude, Herzweh und Glück, alles miteinander verschmolzen – wie es eben bei der Hochzeit einer armen Waise ist!

Und plötzlich dringt ein freudiges Gefühl in seine Brust. Er hat das gefunden, was er braucht.

* * *

Auf der Rückfahrt von Berditschew nahm der Fuhrmann noch andere Reisende auf. Chajimel hatte nichts dagegen einzuwenden. Die Leute, manche von ihnen wahre Musikkenner, erzählten später, daß Chajimel, sobald sie in den Wald gekommen waren, leise zu singen begann.

Gesungen hattte er Podhojzers *Freylichs;* doch bald wurde daraus ein anderes Lied. Das *Masel-Tow* für die arme Braut verwandelte sich in ein richtiges *El-mole-Rachamim.*

Und im stillen Rauschen der Bäume und Blätter im Walde entstand allmählich eine leise, süße Melodie. Es schien, als ob ein großer Sängerchor leise den Gesang begleite – das war das Rauschen der Bäume im Walde.

Still und innig klagte die Melodie; sie flehte um Erbarmen, wie ein Kranker um sein Leben bittet.

Die Melodie fängt zu seufzen an, bittet stöhnend um Hilfe. Man fühlt, jemand will sich vor die Brust schlagen, um Vergebung seiner Sünden flehen – ist es Jom-Kippur oder das letzte Sterbegebet eines Dahinscheidenden?

Noch höher und zugleich noch gebrochener wird die Stimme. Sie reißt immer wieder ab, wie von Tränen erstickt – dann einige tiefe Seufzer, ein scharfer Aufschrei, ein zweiter, und plötzlich bricht die Stimme ab. Es wird still im Walde – jemand ist gestorben . . .

Doch bald erwacht die Melodie aufs neue und geht in heiße Schreie über. Und die Schreie fliegen hastig zum Himmel empor, ein Jammern wie bei einem Begräbnis.

Und eine dünne, reine Kinderstimme klingt traurig in der Luft – feucht, zitternd und erschrocken.

Das Kind spricht das Kaddischgebet!

* * *

Eine sanfte Ruhe kam über Chajimel und die Mitreisenden. Visionen schwebten ihnen vor Augen und verwandelten sich allmählich in süße, mitleidsvoll zarte Melodien, die Trost und Güte dem Gemüt bringen, eine Bereitschaft zur Aufopferung und festen Glauben, daß alles wieder gut wird. Neue Hoffnung und ein neuer Wille zu leben beseelt die Menschen, stille Freude erfüllt ihre Herzen.

»Was ist das?« fragen sie.

»Ein *El-mole-Rachamim*«, antwortet Reb Chajimel. »Ein *El-mole-Rachamim* für Katzners verwaiste Tochter.«

»Er hat es nicht verdient, der Bösewicht. Doch deine Melodie, Reb Chajimel, wird leben und in die Welt dringen, und die Kiewer werden staunen und außer sich sein.«

* * *

Doch die Kiewer waren nicht außer sich.

Die Hochzeit bei den Katzners wurde nicht nach altjüdischer Art und Sitte gefeiert, für diese Kiewer Gesellschaft paßte nicht Chajimels *El-mole-Rachamim.*

Die Kiewer zogen es vor, mit ihren Damen zu tanzen, und wollten nicht durch die traurige Weise des *El-mole-Rachamim* ihre frohe Stimmung getrübt haben.

Und schließlich, wessen Andenken sollte hier durch das *El-mole-Rachamim* geehrt werden? Das des alten Geizhalses?

Wenn der alte geizige Katzner noch leben würde, hätte die Braut nicht die Hälfte der Mitgift bekommen und auch keine Aussteuer, und die Hochzeit hätte ganz anders ausgesehen! Wenn er heute auferstünde und das weißatlassene Spitzenkleid, den teueren Schleier der Braut, die Weine, die Kuchen, die vielen Fisch- und Fleischgerichte sähe, so würde er noch einmal sterben – und diesmal nicht so leicht wie einst.

Und wozu denn all diese Zeremonien? Das Bedecken der Braut, die alten, dummen Bräuche!

»Schneller!« schreien die Kiewer Gäste.

Der arme Chajimel. Er unterbricht das Spielen der Kapelle und streicht allein mit gramvollem Herzen den Bogen über die Saiten. Den einfacheren Leuten unter den Gästen beginnen die Augen zu blinken, und bei manchen fließen schon Tränen. Doch da schreit einer der Kiewer Gäste:

»Was soll das sein? Eine Hochzeit oder ein Begräbnis?«

Chajimel tut so, als hätte er es nicht gehört, und spielt weiter. Und da beginnt der Kiewer zu pfeifen.

Und pfeifen kann er ungewöhnlich gut. Er hat schon Chajimels Melodie erfaßt und pfeift sie ganz richtig. Immer schneller, ausgelassener, immer wilder pfeift er die Melodie, immer wieder dieselbe.

Die Kapelle bleibt still. Man hört nur noch ein Ringen zwischen der sanften Geige und dem frechen Pfeifen.

Und das Pfeifen siegt. Es übertönt den Bogen. Die Geige weint nicht mehr. Sie stöhnt und seufzt und dann . . . beginnt auch sie zu lachen.

Und plötzlich bricht Chajimel ab. Mit verbissenen Lippen und wildfunkelnden Augen greift er eine neue Saite auf und beginnt noch schneller zu spielen, um das wilde Pfeifen zu überholen.

Nein, es ist schon kein Spielen mehr! Die Geige stößt abgerissene Schreie aus, bebende Töne. Wie in einem Wirbelwind flattert die Geige, und alles herum scheint in einen wilden Tanz zu geraten: das Zimmer, die Kapelle, die Gäste, die Braut auf ihrem Ehrenstuhl, Chajimel selbst mit seiner Geige . . .

Es ist kein *Freylichs* mehr, kein *El-mole-Rachamim*, kein Spielen! Es ist ein irrsinniger Tanz, ein wildrasendes

Taumeln wie bei einem Anfall von Fallsucht, daß sich Gott erbarme . . .

Und es ging so lange an, bis die Saite riß.

»Bravo, Chajimel, bravo«, riefen laut die Gäste aus Kiew.

* * *

Einige Jahre später kam die Melodie wahrscheinlich durch einen der Kiewer Hochzeitsgäste ins Theater.

Was ist ein Theater? Alte Maskilim glaubten, daß das Theater oft besser sei als ein frommes Erbauungsbuch, lehrreicher als das altehrwürdige Buch *Der Anfang der Weisheit.* Ihr aber behauptet wohl, daß Theater *treyfe* sei, unrein wie Schweinefleisch.

Bei uns jedoch sagt man, daß es nur darauf ankommt, was im Theater gespielt wird.

Das war schon in Warschau.

Das Theater ist voll, bis auf den letzten Platz besetzt. Die Musik fängt zu spielen an. Was spielt die Musik?

Ein Rauschen, ein wirres Poltern von Tönen – wie beim Bau des Turmes von Babylon. Es ist Chajimels *El-mole-Rachamim,* doch an Stelle des *Wolechs* – ein Wirrwarr: die Instrumente übertönen einander, sie hasten und jagen in tosendem Lärm.

Es rauscht und poltert, es klopft und pfeift. Es ist kein Donnern, kein Beben der Erde, sondern ein wirres, ohrenbetäubendes Geräusch. Jagen böse Geister durch die Lüfte, oder stürzen tausend wilde Tiere aus der Hölle hervor? Ein ängstliches Zittern bemächtigt sich der Zuschauer im Saale.

Plötzlich läßt der Baß sich laut vernehmen, als wäre er in Zorn geraten. Worüber zürnt er so? Was soll es sein? Doch – falsch! Man fühlt, daß sein Zorn nicht ernstgemeint ist. Ein wundersames Pfeifchen greift ein. Es fliegt durch die Kapelle wie ein Blitz im Zickzack und kichert wie ein wahrhaftiger kleiner Teufel. *Ha, ha, ha!* Und *hi, hi, hi!* Das Klarinett eilt ihm nach. Spitzbübisch und trotzig klingen die Laute des Klarinetts. Man fühlt deutlich, daß es nur trotzen will.

Und jetzt erst fallen die Geigen ein. Sie spielen so seltsam süß, die Geigen, süß wie Wollust, wie der böse Trieb, wenn Honig aus seinem Munde trieft. Und die süßen Töne schleichen sich in die Herzen hinein, sie gleiten wie Öl und berauschen wie alter, schwerer Wein. Und das Geigenspiel stiehlt sich auch in die Herzen aller ein; es fließt in sie alle wie Öl und berauscht sie wie alter Wein.

Das Theater glüht wie in Flammen. Die Münder sind offen, und die Augen blitzen.

Da geht der Vorhang auf, und es erscheinen ein *Er* und eine *Sie* – ein Königssohn und eine Königstochter, und sie beginnen zu singen.

Glühend sind die Worte ihres Liedes; wie brennende Schlangen fließen sie aus ihrem Munde. Und die Hölle brennt auf ihren Gesichtern; wie Teufel springen sie einander entgegen. Und das Kosen, das Küssen, das Singen und Springen wird immer schneller und schneller und wird mit jedem Augenblick glühender und sengender.

Schon sind die Zuschauer von dieser Glut erfaßt. Die ganze Galerie mit ihren Männern und Frauen, mit erhitzten, schwitzenden Gesichtern und wildflammenden Augen... Als würde eine Sintflut sie überschwemmen!

Und das ganze Theater singt.

Ein Ozean sengender Wollust hat sich ergossen – die

Hölle brennt! Teufel und böse Geister tanzen in einem Feuerreigen.

Das ist aus Podhojzers Brautlied über Chajimels *El-mole-Rachamim* mit Hilfe der Kiewer geworden.

* * *

Doch es gibt keine Grenze für das Fallen.

Das jüdische Theater löste sich auf. Die Königssöhne wurden wieder Schuster und Schneider. Die Königstöchter kehrten zu ihren Kochtöpfen zurück. Manche der Theatermelodien verwandelten sich in Gassenhauer, auf Leierkasten gespielt.

Unsere Melodie ist kaum noch zu erkennen.

Eine alte, zerfetzte Decke war auf einem Hofe ausgebreitet. Zwei Männer in Trikots führten Kunststücke auf, zusammen mit einem kleinen, zarten und blassen Mädchen, das sie von irgendwo auf ihren Wanderungen entführt hatten.

Der eine hält eine Leiter mit den Zähnen. So schnell wie ein Pfeil klettert das Mädchen bis zur letzten Stufe der Leiter hinauf, springt dann hinunter und bleibt auf den Schultern des zweiten Mannes stehen. Der erste stößt sie in den Rücken; sie macht einige Sprünge in der Luft und bleibt dann mit ausgestreckter Hand vor den Leuten im Hofe stehen, um eine Gabe bittend.

Auch das ist wohl ein Theater, doch ein Theater für arme Leute, für Dienstboten und Mägde.

Man spielt unter freiem Himmel. Es kostet wenig, man braucht keine Eintrittskarten zu kaufen wie im Theater, und die Zuschauer werfen einzelne Groschen und Pfennige in den Gabenteller des flinken, mageren Mädchens.

Dicke Schweißtropfen rinnen ihr von ihrem rot geschminkten Gesicht. Die eingefallenen Augen brennen vor Leid, doch die Leute sehen das nicht. Man sieht nur die schönen Kunststücke, hört nur die schönen Klänge des Leierkastens.

Und die Seele im hageren Körper des armen, gestohlenen Kindes, die traurig-süße Melodie im blechernen Leierkasten – beide stöhnen und seufzen, weinen und zittern. Beide flehen um Erlösung.

* * *

Podhojzers Brautlied war es aber beschieden, zu neuem Leben aufzuerstehen. Von Haus zu Haus ziehend, wandernd von Stadt zu Stadt, haben die Akrobaten so lange das arme Mädchen mitgeschleppt, bis es – Gott bewahre Euch davor – krank wurde.

Es war in Radziwill, an der Grenze. Dort ließen sie das kranke Kind hinter einem Zaun liegen und gingen über die Grenze. Wer kann dem Wind im Felde nachjagen? Halbnackt, mit braunblauen Zeichen am wunden, mageren Körper lag es fiebernd im Feld.

Barmherzige Menschen hoben das Kind auf und trugen es ins Armenkrankenhaus. Das Kind überstand einen Typhus, doch als es das Spital verließ, war es an beiden Augen blind.

Seither geht das Kind bettelnd von Haus zu Haus, von Tür zu Tür.

Es spricht fast gar nicht. Es kann mit Worten nicht betteln ... Es bleibt jedesmal stehen und wartet. Wenn man es nicht bemerkt, fängt das arme Mädchen an, ihre Melodie zu singen, auf daß man es hören soll. Es ist die gleiche Melodie wie die des Leierkastens.

Und was erzählt jetzt die Melodie?

Um Erbarmen bittet sie. Erbarmen für ein unglückliches Kind . . .

»Böse Menschen stahlen mich aus dem Hause meiner Eltern, trennten mich von meinem guten Vater, von meiner herzlich lieben Mutter, von einem trauten und warmen Heim.

Ich hatte keinen einzigen guten Tag mehr; man hat mich ausgenützt und dann weggeworfen, wie man eine leere Nußschale wegwirft.

Habt Mitleid mit einem armen Kinde!«

Und noch fleht die Melodie:

»Es ist kalt, und ich gehe nackt herum. Ich habe Hunger . . . und kein Ort der Ruhe für meine müden Glieder, und blind bin ich auch.«

So fleht die Melodie – und das war auch der Anfang ihrer Rettung. Mitleidige Menschen gaben ihr Almosen und linderten ihr Leid.

* * *

In Radziwill lebte ein gelehrter, thorakundiger Mann. Er war ganz und gar kein skeptischer Misnagid, hatte aber einfach niemals Zeit, zu einem Zaddik zu fahren. Die Talmudfolianten auf seinem Tische blieben immer aufgeschlagen. Jede freie Stunde war dem Thoralernen gewidmet.

Damit man ihn im Bet- und Lehrhaus nicht ablenke, pflegte er zu Hause zu bleiben und eifrig in seiner Stube abgeschlossen zu lernen. Sein Weib sitzt den ganzen Tag im Laden, die Kinder sind im Cheder.

Manchmal ging ihm ein Gedanke durch den Sinn: Vielleicht doch zu einem Rebben fahren? Sein guter Trieb gab ihm wohl diesen Gedanken ein. Doch was tut der böse Trieb? Er nimmt die Gestalt des guten Triebes an und sagt: »Ja, gewiß doch, einmal müßtest du schon fahren. Doch es hat noch Zeit damit. Zuerst sollte man dieses Kapitel bis zu Ende lernen, dann jenes...« Und so vergingen Monate und Jahre.

Im Himmel wollte man scheints doch, daß er zu Reb Dovidel kommen soll.

Und da ereignete sich folgendes:

Einmal saß der Lamden, der Lernende, in seiner Stube und studierte einen Talmudabschnitt. Da hört er Gesang vor seiner Türe. Erbost sagt er sich: »Wenn man lernt, darf man nicht hören, was draußen auf der Gasse und vor der Türe vorgeht. Man darf sich vom Thoralernen durch nichts ablenken lassen.«

Doch er hört immer wieder den Gesang. Er verstopft sich die Ohren mit den Fingern, doch die Melodie schleicht sich noch immer ein, sie dringt zwischen den Fingern durch. Er gerät noch mehr in Zorn, nimmt seinen langen Bart in den Mund, beißt ihn und bemüht sich, weiter zu lernen. Mit aller Kraft versucht er zu lernen.

Doch die Melodie läßt ihn nicht locker. Er hört sie immer deutlicher und schärfer. Und da erst merkt er, daß es eine weibliche Stimme ist – ein Mädchen singt. Ein Schrei entringt sich seiner Brust: »Du Freche! Weg von meinem Hause!« Die Melodie entfernt sich. Aber wie schrecklich. Man singt zwar nicht mehr, aber er hört noch immer die Stimme. Die Melodie tönt ihm wie von selbst im Ohr, in der Seele. Er zwingt sich, ins Buch zu schauen. Gewaltsam will er den Abschnitt zu Ende lernen, doch es geht nicht. Die Seele des Lamden wird immer mehr von den Klängen der Melodie erfüllt.

Er schließt den Folianten und beginnt, Minche zu beten.

Aber es geht nicht, er kann weder lernen noch beten. Wie ein silbernes Glöckchen tönt die Melodie in ihm. Es ist nicht zum Ertragen. Er vergeht fast vor Leid. Es vergeht ein Tag, ein zweiter, ein dritter – Trübsinn beginnt sich seiner zu bemächtigen ... Er fastet, doch es hilft nicht. Er kann von der Melodie nicht loskommen. Sie weckt ihn sogar bei Nacht aus dem Schlafe.

Und das ist ein Mensch, der noch niemals Minche laut vorgebetet hat, niemals ein Lied gesungen oder eine Melodie gesummt hat. Die *Smires*, die Tafellieder nach den Sabbat-Mahlzeiten, pflegte er einfach ohne Melodie zu lesen, und statt des Singens ein Blatt *Gemore* zu lernen.

Er versteht, daß die Sache nicht einfach ist.

»Ein Satanswerk«, denkt er und wird traurig und mutlos.

»Wäre es nicht endlich an der Zeit, zu einem Rebben zu fahren?« fragt er sich.

Doch sein böser Trieb flüstert ihm zu: »Zu einem Rebben fahren – wohl, doch wohin, zu welchem? Zaddikim gibt es viele, doch welcher von ihnen ist der wahre Zaddik, wer kann einem tatsächlich in seiner Not helfen?« Der Lamden fängt zu überlegen an, doch er bleibt noch unentschlossen.

Und da kommt ihm ein Wink von oben.

Reb Dovidl, der Talner Rebbe, muß seinen Wohnort verlassen, und auf seiner Flucht zur Grenze kommt er in Radziwill an.

Die Geschichte mit der Anzeige gegen den Rebben kennt Ihr doch. Und ich behaupte gar, daß es eine Strafe Gottes war. Man durfte Reb Dovidl nicht dazu verleiten, seine Gemeinde in Wassilkow zu verlassen, um nach Talne zu kommen; man durfte eine ganze Gemeinde nicht so beschämen. Not und Elend kamen über Wassilkow, nachdem der Rebbe die Stadt verlassen hatte.

Die Gaststätten mußten schließen, die Schenken standen verlassen da. Es blieb den Leuten kaum noch ein Stück trockenes Brot, sich am Leben zu erhalten.

Und da kommt plötzlich die Anzeige gegen den Rebben, und auch Talne geht zugrunde.

Reb Dovidl hatte einen goldenen Stuhl, auf welchem die Inschrift eingraviert war: *David, der König Israels, lebt und waltet.* Die Verleumder raunten den Behörden zu, daß diese Worte einen politischen Sinn haben, und so griffen die Behörden ein.

Wir jedoch kennen den Sinn dieser Worte: *Die Weisen sind im Bereich des Geistes wie Könige mächtig.* Doch wie erklärt man es den Generälen in Petersburg?

Reb Dovidl mußte also die Flucht ergreifen. Sein Weg führt über Radziwill, wo er den Schabbes zubringt, und der Lamden geht zu den *Schaleschides* mit dem Rebben.

Der böse Trieb gab sich aber noch nicht besiegt. Der Lamden kommt ins Bethaus und sieht am oberen Ende der Tafel ein winzig kleines Männchen sitzen. Man sieht nur den großen *Streimel,* den Pelzhut, auf seinem Kopfe und das silberglänzende Haar, das auf seine Stirn fällt. Alle sitzen und schweigen, und der Rebbe führt kein Thoragespräch, wie es sonst bei einem *Schalesschides* üblich ist. Da schleichen sich wieder Zweifel in des Lamden Herz ein.

›Das soll der Rebbe sein?‹ denkt der Lamden.

Doch Reb Dovidl hat ihn aber schon erblickt und ruft ihm zu: »Setz dich, Lamden!«

Und in diesem Augenblick schwand jeder Zweifel beim Lamden. Er fühlte den Blick des Rebben, der wie eine Glut in seine Seele drang.

Ihr dürftet wohl gehört haben, was für Augen der Talner hatte. In seinem Blick lag sowohl fürstliche Macht als auch Heiligkeit und Kraft. Was Ihr nur wollt, lag in seinem Blick.

Und wenn Reb Dovidl befiehlt: »Setz dich«, so räumt man dem Lamden sofort einen Platz an der Tafel neben dem Rebben ein. Er setzt sich und wartet.

Reb Dovidl sagt dann weiter: »Man bezeuge dem Lamden die Ehre, uns eine Melodie vorzusingen.« Dem Lamden gerinnt die Muttermilch vor Angst; er – und ein Lied?

Doch da stößt ihn schon jemand sanft in den Rücken: »Wenn Reb Dovidl befiehlt, singt man.« Also singt er.

Er beginnt zögernd und zitternd, und nur mit Mühe stammelt er den Anfang einer Melodie. Und was will der Lamden singen? Natürlich die Melodie des Waisenkindes, eine andere kennt er doch nicht. Er zittert und stammelt – und singt. Und die Melodie verändert sich im Gesang des Lamden. Sie wird vom Duft der Thora erfüllt, vom Hauch der Sabbatheiligkeit und von der Reuebereitschaft des Lamden. Und immer tiefer erschließt sich ihm der Sinn der Melodie, immer besser und freier singt er ...

Und Reb Dovidl beginnt, wie es seine Art ist, leise mitzusingen; die Leute hören es und greifen die Melodie auf. Mit den Leuten zusammen kommt auch der Lamden ins Feuer. Er überwindet jede Hemmung, sein Lied tönt laut und sicher.

Die Melodie fließt jetzt wie ein Feuerstrom dahin. Ihre Wellen schlagen immer höher und stärker, immer glühender und flammender.

Eng wird der Raum des Bethauses für die schwellende Melodie. Sie reißt sich durch die Fenster ins Freie hinaus.

Ein Meer von Heiligkeit überflutet die Straße, eine glühende Heiligkeit. Erstaunt und bestürzt rufen die Leute aus:

»Die Melodie des Waisenmädchens! Es ist die Melodie der Waise!«

* * *

Die Melodie fand endlich ihre Erlösung und der Lamden auch.

Vor seiner Abreise nahm Reb Dovidl den Lamden zur Seite und sagte ihm einige Worte:

»Lamden«, sagte er, »du hast eine jüdische Tochter beschämt. Du hast den tieferen Sinn ihrer Melodie nicht erfaßt und nanntest sie eine Freche.«

»Legt mir, Rebbe, eine Buße auf«, bat der Lamden.

»Nicht notwendig«, sagte der Rebbe, sein Andenken sei gesegnet. »Statt einer Buße sollst du eine Mitzve, eine gute Tat, erfüllen.«

»Was für eine Mitzve, Rebbe?«

»Verheirate das Mädchen. Eine arme Waise ausgeben, ist eine große, Gott gefällige Mitzve.«

* * *

Und nun hört auch die zweite Seite der Geschichte.

Einige Jahre später, als das Mädchen schon lange mit einem Witwer, einem Thoraschreiber, verheiratet war, kam es heraus, woher sie stammt.

Es stellte sich nämlich heraus, daß das Mädchen ein Enkelkind des alten Katzner war. Und die Sache war so:

Der Schwiegersohn Katzners, der Kiewer, ging einmal mit seiner Frau ins Theater und blieb dort bis spät nachts. Und an diesem Abend stahl man ihnen ihr einziges Kind.

Doch es war nicht mehr möglich, das entführte Kind den Eltern zurückzubringen.

Die Mutter lebte schon lange nicht mehr, und der Vater war schon längst irgendwo im weiten Amerika . . .

Zwischen zwei Bergen

Vom Brisker Raw und vom Bjaler Rebben habt Ihr gewiß schon gehört. Doch nicht alle wissen, daß der Bjaler Zaddik, Reb Nojach, früher einmal der Lieblingsschüler des Brisker Row war, bei dem er mehrere Jahre gelernt hatte, bis er eines Tages spurlos verschwand. Er verbrachte einige Jahre in freiwilliger Verbannung und offenbarte sich dann in Bjale, wo er als Zaddik erkannt wurde.

Den Brisker Raw verließ er aus folgendem Grunde: Beim Brisker lernte man wohl eifrig Thora, doch die Thora, so empfand es der Rebbe, war nur trockene Lehre. Man lernt, zum Beispiel, die Gesetze von den Pflichten der Frau, die rituellen Vorschriften der Fleisch- und Milchgerichte oder Gesetze der Geld- und Vermögensfragen. Alles recht gut und schön. Wenn dagegen Ruben und Schimon selbst vor dem Thoragericht des Rebben ihren Streitfall austragen, wenn sonst ein Mann oder eine Frau in einer rituellen Frage den Rat des Rebben erbitten, dann erst wird das Lernen sinnvoll und lebendig und gewinnt Macht über das Leben der Menschen. Doch ohne Berührung mit diesen Menschen, so fühlt der Rebbe, ist die Lehre, das heißt die körperliche Hülle der Thora, das Offenbare, das was obenauf liegt – trocken, ohne Saft und Kraft. Thora aber soll eine beglückende, lebensspendende Quelle sein. So empfand der Rebbe.

Die Kabbala durfte man in der Brisker Jeschiwe, im Seminar, nicht lernen. Der Brisker Raw war ein Misnagid, ein Gegner der Chassidim und jeder Mystik. Er war ein strenger, unerbittlicher Eiferer des Gesetzes. Wenn er bei jemandem ein Kabbalabuch, den *Sohar* oder den *Pardess*, fand, rief er den Bannfluch über ihn aus. Einem Schüler, der beim Lesen eines Kabbalabuches ertappt wurde, ließ der Row durch einen Goj, einen Unbeschnittenen, den Bart abrasieren. Was meint Ihr? Der arme Schüler verlor fast seinen Verstand. Er verfiel in Trübsinn und Schwermut. Und was am Erstaunlichsten ist, kein guter Jid, kein wundertätiger Rebbe konnte ihm mehr helfen. Wer vermag gegen den Brisker Raw aufzukommen? Und doch, wie verläßt man so plötzlich die Jeschiwe des Brisker Raw?

Eine lange Zeit blieb der Bjaler unschlüssig.

Doch einmal kam ihm vom Himmel ein Traum: Es träumte ihm, daß der Brisker Raw zu ihm gekommen war und ihm sagte: »Komm, Nojach, ich werde dich in den unteren Teil des Paradieses führen.« Der Raw faßte ihn an der Hand und zog ihn mit sich fort. Sie gelangten in einen großen Palast. Der Palast war ganz leer; es gab keine Tür und kein Fenster, außer der Türe, durch die sie hereingekommen waren. Doch es war blendend hell im Palast, denn die Wände – wie es dem Rebben schien – waren aus lauterem Kristall, und helles Licht drang durch sie ein.

Und so gingen und gingen sie immerfort, und kein Ende war zu sehen.

»Halte dich an meinem Mantel fest«, sagte der Brisker Raw. »Hier gibt es Säle ohne Zahl und Maß, und wenn du dich von mir entfernst, wirst du dich auf alle Ewigkeit verirren.«

Der Rebbe hält sich an dem Mantel des Brisker fest, und sie gehen immer weiter und weiter. Auf ihrem Wege ist weder eine Bank noch sonst ein Hausgerät zu sehen.

»Hier sitzt man nicht«, erklärt ihm der Brisker Raw, »sondern schreitet immer weiter und weiter.«

Ein Saal ist immer größer und heller als der andere, und die Wände leuchten in jedem Saale mit anderen Farben. Keine menschliche Seele begegnet ihnen auf ihrem Weg.

Der Rebbe wird müde vom Gehen. Er ist in Schweiß gebadet, und es wird ihm kalt in allen Gliedern; die Augen beginnen von dem strahlenden Glanze zu schmerzen.

Eine starke Sehnsucht bemächtigt sich seiner – Sehnsucht nach Juden, nach Freunden, nach der Gemeinde. Ist es doch keine Kleinigkeit – man sieht keinen einzigen Juden auf seinem Wege!

»Sehne dich nach niemandem«, sagt der Brisker Raw. »Dies hier ist ein Palast nur für dich und mich bestimmt... Auch du wirst einst ein Brisker Raw sein!«

Und der Rebbe erschrickt noch mehr und stützt sich an die Wand, um nicht umzufallen, doch er verbrennt sich die Hände an der Wand. Es ist aber nicht ein Brennen von Feuer, sondern ein Brennen wie von Eis.

»Rabbi!« ruft er aus. »Die Wände sind aus Eis, nicht aus Kristall. Es ist Eis!«

Der Brisker Raw schweigt.

Und der Rebbe schreit wieder:

»Rabbi, bringe mich weg von hier! Ich will nicht hier allein mit dir bleiben! Ich will mit allen Juden zusammensein!«

Kaum hat er aber dies ausgesprochen, verschwand der Brisker Raw, und er blieb allein im Palast zurück.

Er findet keinen Weg hinaus und weiß nicht, wo aus noch ein. Von den Wänden weht ihm kaltes Grauen entgegen. Immer stärker wird die Sehnsucht, einen Juden zu sehen, und sei es auch nur ein einfacher Schuster oder Schneider. Und er bricht in Tränen aus . . .

»Herr der Welt«, betet er, »führe mich fort von hier. Besser in der Hölle mit Juden zusammensein, als hier allein zu bleiben!«

Und im gleichen Augenblick erscheint ein einfacher Jude mit einem roten Fuhrmannsgürtel um die Lenden und einer langen Peitsche in der Hand. Schweigend nimmt der Jude den Rebben am Ärmel, führt ihn aus dem Palast heraus und verschwindet.

Als er am frühen Morgen, kaum daß es zu dämmern begann, erwachte, verstand er, daß es nicht ein einfacher Traum gewesen war. Geschwind zog er sich an und machte sich auf den Weg ins *Beth-Hamidrasch*, ins Bethaus, wo er sich von den gelehrten Männern, die auch die Nacht im Lehrhause verbringen, den Traum deuten lassen wollte. Als er den Marktplatz durchschritt, sah er einen großen, altmodischen Bauernwagen stehen, von einem Zeltdach überspannt. Beim Wagen stand ein Fuhrmann mit einem roten Gürtel um die Lenden, eine lange Peitsche in der Hand, der genauso aussah wie der Jude, der ihn im Traume aus dem Palast hinausgeführt hatte.

Er begriff sofort, daß es damit seine Bewandtnis haben mußte. Er näherte sich dem Fuhrmann und fragte ihn:

»Wohin fährt ein Jude?«

»Es ist nicht *dein* Weg«, antwortete barsch der Fuhrmann.

»Und doch, sagt es mir«, bat er, »vielleicht werde ich mitfahren.«

Der Fuhrmann denkt eine Weile nach und antwortet dann:

»Kann denn so ein Jüngling wie du nicht zu Fuß gehen? Geh *deinen* Weg!«

»Und wohin soll ich gehen?«

»Wohin dich deine Augen führen werden«, antwortet der Fuhrmann und wendet sich ab. »Was geht es mich an?«

Der Rebbe verstand jetzt den Sinn dieser Worte und machte sich auf den Weg in die Abgeschiedenheit.

Wie gesagt offenbarte er sich einige Jahre später in Bjala. Wie es geschah und was Zeugen über seine Offenbarung berichteten, erzähle ich nicht, obwohl man darüber Mund und Ohren aufreißen könnte, wenn ich es doch erzählen wollte. Und ungefähr ein Jahr danach nahm mich ein Bjaler Bürger, Reb Jechiel hieß er, als *Melamed,* als Hauslehrer seiner Kinder, in seinem Hause auf.

Anfangs wollte ich diese *Melamed*stelle gar nicht annehmen. Reb Jechiel, müßt Ihr wissen, war ein reicher Mann, einer dieser satten, vermögenden, altmodischen Männer jener Zeit. Seinen Töchtern pflegte er jeder tausend Rubel zur Mitgift zu geben und sie mit den Söhnen angesehenster Rabbiner zu verheiraten. Und seine jüngste Schnur, das heißt Schwiegertochter, war die Tochter des Brisker Rabbis.

Nun werdet Ihr wohl verstehen, daß wenn der Brisker Raw und seine anderen Eidame streitbare Gegner der Chassidim sind, so muß doch auch Reb Jechiel selbst solch ein Gegner sein. Ich aber bin ein Bjaler Chassid – wie soll ich in einem solchen Hause Melamed sein?

Und doch zog es mich nach Bjala hin. Es ist doch keine Kleinigkeit, mit dem Bjaler Rebben in derselben Stadt zu wohnen! Ich erwog alle Für und Wider und zog schließlich doch nach Bjala.

Reb Jechiel war ein schlichter, wahrhaft frommer Jude, und ich könnte sogar schwören, daß es ihn in der Tiefe seines Herzens wie mit Zangen zum Rebben hinzog. Denn wahrhaftig, Reb Jechiel war kein *Lamden,* kein gelehrter, thorakundiger Mann, und der Brisker Raw schien ihm in seiner Strenge und in seinem Eifer fremd.

Er verwehrte mir zwar nicht den engen Verkehr mit dem Bjaler Rebben, doch er selbst hielt sich fern von ihm. Wenn ich etwas vom Rebben erzählte, tat er so, als würde er vor Langeweile gähnen; doch ich sah, daß er dabei die Ohren spitzte. Sein Sohn aber, der Eidam des Brisker Raw, runzelte die Stirn, sah mich zornig und spöttisch an. Doch auch er stritt nicht mit mir; er hat auch sonst nur wenig geredet.

Und es kam der Tag – Reb Jechiels Schnur, des Brisker Raw Tochter, liegt in Kindsnöten. Was ist schon viel dabei, kann man denken, wenn ein Weib in Geburtswehen liegt? Doch hier schien es nicht einfach zuzugehen. Man wußte, daß der Brisker Raw, weil er einem Chassid Bart und Schläfenlocken abrasieren ließ, von den Zaddikim seiner Zeit verdammt worden war. Seine beiden Söhne starben ihm innerhalb von fünf bis sechs Jahren weg, und keiner seiner drei Töchter brachte einen Sohn zur Welt. Auch pflegte jede von ihnen – daß Gott sich ihrer erbarme! – schwer zu Kind zu gehen: Sie schwebten dabei immer in großer Lebensnot und waren mehr auf jener als auf dieser Welt. Der Himmel wollte offensichtlich, daß es zwischen Chassidim und ihren Gegnern, den Misnagidim, Streit gibt, und alle sahen es und wußten, daß der Brisker Raw von den Gerechten seiner Zeit bestraft war. Nur er allein, mit seinen hellen Augen, sah es nicht. Und vielleicht wollte er es nicht sehen. Mit äußerster Härte kämpfte er weiter gegen die Chassidim, mit Bannflüchen und Gewalttätigkeiten seiner Schüler, wie es in jener Zeit oft vorkam.

Mir tat Gitele (so hieß die Tochter des Brisker Raw) wirklich sehr leid. War sie doch eine fromme und gerechte jüdische Seele, und eine so treue, gute Frau gab es wohl kaum auf der Welt . . .

Keine einzige arme Braut heiratete ohne Giteles Hilfe. Und solch ein zartes, seidenes Geschöpf sollte für den sündigen Jähzorn ihres Vaters bestraft werden? Ich sah, daß die Hebamme im Hause ein und aus ging. Da setzte ich alle Hebel in Bewegung, daß man nach dem Bjaler Rebben schicken sollte. Sollte man ihm doch wenigstens einen *Quittel*, das heißt einen Wunschzettel, ohne einen *Pidjen*, ohne eine Geldgabe, bringen. Der Bjaler Rebbe hielt nicht viel von solchen *Pidjens* und benötigte sie nicht.

Doch mit wem soll man darüber sprechen?

Ich versuche es zuerst mit dem Eidam des Brisker Raw. Ich weiß, wie sehr seine Seele an ihrer Seele hängt, und wie sehr er es auch vor fremden Augen verbergen möchte, leuchtet der häusliche Frieden und das Glück aus jedem Winkel und aus allen ihren Bewegungen und Gebärden. Ist er doch aber der Eidam des Brisker Raw! Er spuckt aus, wendet sich ab und läßt mich mit offenem Munde stehen.

Ich mache mich nun an Reb Jechiel heran, doch er antwortet mir: »Sie ist doch die Tochter des Brisker Raw. Wie darf ich es vom Brisker verlangen, auch wenn – Gott behüte – Lebensgefahr besteht?«

Ich versuche es mit seiner Frau, eine einfache, fromme Frau. Sie antwortet mir mit folgenden Worten: »Wenn mein Mann es mir befiehlt, schicke ich sogleich nach dem Rebben mein Feiertags-Stirntuch und meine teueren Ohrringe. Doch ohne Wissen meines Mannes – keinen einzigen Groschen!«

»Aber ein *Quittel* allein... was kann ein *Quittel* schaden?«

»Ohne Wissen meines Mannes beginne ich nichts«, antwortet sie, wie eben eine fromme Frau antworten muß. Sie wendet sich von mir weg, und ich sehe, daß sie ihre Tränen verbergen will. Ein Mutterherz, es ahnte wohl die nahende Gefahr...

Als ich aber den ersten Wehenschrei der Wöchnerin hörte, lief ich selbst zum Rebben.

»Schmaje«, antwortet er mir. »Was soll ich tun? Ich werde für sie beten...«

»Gebt mir, Rebbe«, bat ich, »etwas für die Gebärende, ein Amulett, eine Münze... irgend etwas, was es auch sei...«

»Es könnte doch, Gott bewahre, Ärger machen«, antwortet er. »Wenn man daran nicht glaubt, dann schaden solche Dinge; und sie glaubt nicht daran...«

Was konnte ich anfangen? Es sind die ersten *Sukkes*-Tage, die arme Gitele gebärt schwer, helfen kann ich ihr nicht, und so bleibe ich halt beim Rebben im Hause. Ich bin doch dort wie ein eigenes Kind, und ich denke bei mir, daß, wenn ich jeden Augenblick meine flehenden Blicke zum Rebben erhebe, er sich vielleicht doch erbarmen werde.

Im Hause des Rebben spricht man, daß es um Gitele nicht gut steht. Den dritten Tag schon halten die Wehen an. Alles, was man konnte, hat man bereits versucht: den Thoraschrein im Bethaus weit aufgerissen, die Gräber messen lassen, hundert Pfund Kerzen in der Schule und in den *Batei-Midraschim,* den Lehrhäusern, verbrannt und eine Unmenge Almosen verteilt... Alle Kleiderschränke stehen offen, ein großer Haufen Münzen liegt auf dem Tisch, und arme Leute kommen ins Haus und nehmen davon – soviel ein jeder von ihnen nur wollte.

Mein Herz krampft sich vor Schmerz zusammen.

»Rebbe«, sage ich, »es steht doch geschrieben: *Eine gute Tat rettet vor dem Tode.*«

Doch der Rebbe antwortet mit scheinbarer Gleichgültigkeit:

»Vielleicht wird der Brisker Raw selbst kommen.«

Und im gleichen Augenblick kommt Reb Jechiel herein. Er wendet sich nicht an den Rebben, als ob er ihn gar nicht sehe.

»Schmaje«, sagt er zu mir und faßt mich am Rockärmel an. »Im Hofe steht eine Fuhre, setze dich darauf und fahre sofort zum Brisker Raw. Er soll kommen...«

Er wußte wohl selbst, wie es um Gitele steht, denn er fügte noch hinzu:

»Soll er selbst sehen, was hier geschieht. Soll er sagen, was man tun kann!«

Und sein Gesicht, was soll ich Euch sagen, war dabei farblos und bleich – wie das eines Toten.

So fahre ich also nach Brisk. Und ich denke mir dabei: Wenn der Rebbe weiß, daß der Brisker Rebbe kommen wird, wird daraus schon etwas werden. Vielleicht gar Frieden und Versöhnung. Nicht etwa zwischen dem Brisker Raw und dem Bjaler Rebben – sie selbst lagen doch nicht im Streit miteinander –, sondern eine Versöhnung zwischen den befeindeten Parteien. Denn wahrlich, wenn er kommt, so wird er doch selbst alles mit seinen Augen sehen.

Doch der Himmel will es offenbar nicht so rasch

zulassen. Der Himmel schien mit mir Krieg zu führen. Kaum bin ich aus Bjala herausgefahren, als eine große Wolke den Himmel verdunkelte. Und was für eine Wolke! Eine schwere, schwarze Wolke, schwarz wie Pech. Und plötzlich erhob sich ein Wind, als stürmten alle bösen Geister von allen Seiten durch die Luft. Ein Bauer versteht etwas von solchen Dingen. Er bekreuzigt sich und sagt, daß es – Gott bewahre uns – ein sehr schwerer Tag werden wird, und zeigt dabei mit der Peitsche auf den Himmel. Der Wind wird immer stürmischer. Er zerreißt die Wolken, wie man ein Stück Papier zerreißt, und jagt die Wolken durcheinander, eine über die andere wie Eisschollen auf einem wild strömenden Fluß. Über meinem Kopf türmen sich schon zwei und drei Stockwerke von Wolken. Anfangs hatte ich keine Angst – bis auf die Knochen naß werden, ist bei mir doch nichts Neues, und der Donner erschreckt mich auch nicht.

Erstens donnert es doch nicht um die Sukkeszeit (das heißt um die Zeit des Laubhüttenfestes), und zweitens hat doch der Rebbe bereits *Schofar* geblasen! Und wir wissen doch, daß nach diesem *Schofar*blasen der Donner ein ganzes Jahr lang keine Macht mehr besitzt. Als aber plötzlich ein starker Wasserstrahl wie mit einer Peitsche mir ins Gesicht schlug – einmal, zweimal und ein drittes Mal –, befiel mich eine heftige Angst. Es gerann sozusagen die Muttermilch in mir, und ich sah ganz deutlich, daß der Himmel mich strafen und zurücktreiben wollte.

Und der Bauer – mit Vergebung – bittet mich auch: »Fahren wir doch zurück!«

Ich weiß aber, daß eine junge Frau dort in Lebensgefahr schwebt. Im Wagen sitzend und im tosenden Sturm höre ich, wie die Gebärende stöhnt, sehe, wie der Eidam des Brisker Raws verzweifelt die Hände ringt; ich sehe auch vor mir das finstere Gesicht Reb Jechiels mit den eingesunkenen, brennenden Augen. »Fahre, fahre doch!« bittet er mich – und wir fahren weiter.

Der Regen gießt in Strömen. Es gießt von oben, und es spritzt von unter den Rädern und von unter den Hufen der Pferde. Der Weg ist schon ganz überschwemmt, und der Wagen scheint zu schwimmen. Was soll ich Euch viel erzählen? Zu allem übrigen verirrten wir uns auch ... doch ich hielt alles durch.

Erst zu *Hojschane-Rabe,* so heißt der siebente Sukkestag, kam ich mit dem Brisker Row nach Bjale an.

Um die Wahrheit zu sagen: Kaum hatte sich der Brisker Raw in den Wagen gesetzt, als das Unwetter aufhörte. Es wurde still. Die Wolken spalteten sich, und zwischen den Spalten kam die Sonne hervor. Wir kamen heil und trocken in Bjale an. Der Bauer staunte darüber und bemerkte in seiner Mundart: »Ein großer Rabbi! Ein wundertätiger Rabbi!«

Unsere Ankunft in Bjala setzte alle in Erstaunen.

Wie die Heuschrecken stürzten die Weiber im Hause über den Brisker Raw her. Sie fielen aufs Angesicht vor ihm und weinten. Die Wöchnerin im zweiten Zimmer hörte man überhaupt nicht mehr. Vielleicht wurde ihr Stöhnen vom lauten Weinen der Frauen übertönt, oder, so dachte ich, hatte sie keine Kraft mehr – Gott behüte – zu stöhnen und zu jammern. Reb Jechiel sah uns gar nicht an; er stand mit brennendem Gesicht an einem Fenster, die Stirne an die Scheibe gedrückt.

Auch der Eidam des Brisker Raw wendete sich zu uns nicht um und begrüßte uns nicht. Er stand mit dem Gesicht zur Wand, und ich sah es deutlich, wie er am ganzen Körper zitterte und wie er seinen Kopf an die Wand schlug.

Ich meinte, ich müßte umfallen – so sehr ergriffen mich Schmerz und Angst. Es wurde mir kalt in allen Gliedern, und ich fühlte, daß auch meine Seele mir im Leibe erstarrte.

Aber habt Ihr denn den Brisker Raw gekannt?

Das war ein Mann – einer Säule aus Eisen gleich, sage ich Euch!

Ein hoher, schlanker Mann, um Kopfeslänge alle überragend, verbreitete er Ehrfurcht und Schrecken um sich wie ein strenger, mächtiger Herrscher.

Er hatte einen langen, weißen Bart; eine Spitze desselben – so sehe ich es noch heute vor mir – steckte ihm im Gürtel, und das andere Ende zitterte über dem Gürtel.

Die Brauen – weiße, dichte und lange – verdeckten sein halbes Gesicht, und als er sie hob – Herr der Welt! Die Weiber prallten zurück, wie vom Donner getroffen: *solche* Augen hatte er! Wie scharfe, blanke Messer blitzten sie.

Und wie ein Löwe brüllte er: »Weg von hier, ihr Weiber!«

Dann aber fragte er mit stiller, sanfter Stimme:

»Wo ist meine Tochter?«

Man führte ihn zu ihr.

Er ging hinein, und ich blieb stehen, ganz außer mir: diese Augen, dieser Blick, diese Stimme! Es ist doch eine andere Art und eine andere Welt als beim Bjaler Rebben. Die Augen des Bjaler Rebben strahlten so gütig, so sanft und erfüllten das Herz mit Freude. Wenn er dich anblickte, war es, als ob er dich mit Gold überschüttete . . . Und seine Stimme, diese samtweiche, süße Stimme – Gott im Himmel – sie drang einem ins Herz, liebkoste es zärtlich und sanft. Man hatte keine Angst, Gott behüte, vor dem Rebben. Die Seele wird überströmt von Liebe, von einer süßen Liebe; sie will dem Körper entschweben und sich an Seine Seele heften. Es ist als ob ein Schmetterling von einer leuchtenden Flamme angezogen wird. Und da, der Brisker – oh Herr der Welt! – der *Goen*, der Thoramächtige, der Talmudgeist – Angst und Schrecken! Und der Brisker Raw geht zu der Gebärenden hinein . . .

Er wird aus ihr, so denke ich mit Schrecken, einen Haufen Gebeine machen.

Und ich laufe erschrocken zum Rebben.

Der Rebbe empfängt mich lächelnd an der Tür seines Zimmers.

»Hast du gesehen«, fragt er mich, »die Macht und die Ehrfurcht der Thora? Die reine Ehrfurcht der Thora?«

Jetzt bin ich beruhigt: Wenn der Rebbe lächelt, denke ich, ist es doch gut.

* * *

Und es verlief tatsächlich gut. Am *Schemini-Azeres,* dem achten Tage des Sukkesfestes, kam sie glücklich nieder. Am *Simchat-Thora,* dem Freudenfest der Thoragebung, hielt schon der Brisker Raw am Tisch eine Ansprache. Ich wollte zwar woanders bei Tische Platz nehmen, doch fürchtete ich fortzugehen, um so mehr als doch nur mit mir zusammen die erforderlichen zehn Männer eines *Minjans,* einer gültigen Gebetsgruppe, beisammen waren.

Was soll ich Euch noch erzählen? Über das Thoralehren des Brisker Raw? Wenn die Thora ein Meer ist, so war er der Leviathan im Meere. Mit einer einzigen Bewegung bewältigte er zehn Talmudabschnitte und dann die betreffenden *Mischna*-Kapitel und die Kommentare zu diesen Abschnitten. Es dröhnte und spritzte, es kochte und siedete, wie man es von einem richtigen Meere erzählt . . . Mein Kopf wurde mir ganz wirr. Doch: *Nur das Herz kennt den Kummer der Seele.* In der Tiefe meines Herzens empfand ich keine wahre Festtagsfreude. Ich mußte damals an den Traum des Rebben denken – und ich saß stumm und starr da.

Die Sonne schien hell ins Fenster, reichlich floß der Wein, alle Leute am Tisch schwitzten – und ich? Ich empfand eine eisige Kälte. Wußte ich doch, daß man *dort* ganz andere Thora vernimmt . . . Dort, beim Rebben, ist es hell und warm. Jedes Wort ist von Liebe und Inbrunst durchtränkt. Engel, so fühlt man, schweben unsichtbar durch die Stube; es ist, als höre man ihre großen, weißen Flügel rauschen. ›Ach, Gott im Himmel‹, entrang sich ein Seufzer meiner Brust. Doch weggehen durfte ich nicht.

Plötzlich unterbricht der Brisker Raw seinen Vortrag und fragt:

»Was für einen Rebben habt Ihr hier?«

»Einen gewissen Nojach«, antwortet man ihm.

Es schnitt mir schmerzlich ins Herz, als ich diese Worte hörte. *Einen gewissen Nojach!* Ach, diese Schmeichler, diese Spötter!

»Ein Wundertäter?« fragt er weiter.

»Kaum. Man hört wenig darüber . . . Weiber erzählen wohl davon, doch wer hört schon auf sie?«

»Er nimmt also Geld an, ohne Wunder zu vollbringen?«

Man sagte ihm die Wahrheit, und zwar, daß der Rebbe nur wenig Geld nimmt und viel davon an Arme weitergibt.

Der Brisker Raw wird nachdenklich.

»Und lehren kann er?«

»Man sagt, er sei ein Thorakundiger.«

»Woher stammt er, dieser Nojach?«

Niemand weiß es, und so muß ich antworten. Ich komme mit dem Brisker Raw ins Gespräch.

»War nicht dieser Nojach einmal in Brisk?« fragt er.

»Ob der Rebbe«, stammelte ich, »einmal in Brisk war? Ich glaube – ja.«

»Aha«, sagt er, »du bist wohl ein Chassid von ihm?« Und mir schien, als sähe er mich an, wie man eine Spinne ansieht.

Zu den Leuten sagte er nun:

»Ich hatte einmal einen Schüler namens Nojach. Er hatte sogar einen guten Kopf; doch es zog ihn zur anderen Seite hin. Ich versuchte es mit ihm einmal, ein zweites Mal ... Ich wollte es ein drittes Mal tun und ihn warnen, doch er verschwand plötzlich. Ob es wohl dieser ist?«

»Wer weiß?«

Und der Brisker begann den Rebben zu beschreiben: ein Hagerer, ein Kleiner, mit einem schwarzen Bärtchen, schwarze, gekräuselte Schläfenlocken, stets in Gedanken versunken und leise sprechend.

»Es könnte sein«, sagen die Leute, »daß er es ist. Ja, es ist sogar sehr wahrscheinlich!«

Ich danke Gott, als man endlich das Tischgebet zu sagen anfängt.

Doch als man das Tischgebet beendete, geschah etwas, das ich mir niemals hätte träumen lassen.

Der Brisker Raw stand von seinem Stuhle auf, rief mich zur Seite und sagte mir leise: »Führe mich zu deinem Rebben und zu meinem Schüler. Doch höre wohl, niemand soll es erfahren!«

Natürlich gehorchte ich, doch unterwegs frage ich erschrocken:

»Brisker Raw«, sage ich, »mit welcher Absicht geht Ihr jetzt zu ihm?«

Und er antwortet mir ganz einfach:

»Während des Tischgebetes fiel mir ein, daß ich über einen Menschen urteile, ohne ihn selbst gesehen zu haben. Ich will ihn sehen, mit meinen eigenen Augen sehen und vielleicht«, fügte er dann hinzu, »wird mir Gott helfen, und ich werde meinen Schüler von seinem Irrwege abbringen.«

»Weißt du, junger Mann«, fügte er mit leichtem Spott hinzu, »wenn dein Rebbe dieser Nojach ist, der einmal mein Schüler war, so kann er noch ein Großer im Volke Israel, eine Leuchte Israels, ein Brisker Raw werden.«

Jetzt wußte ich schon sicher, daß er, der Bjaler, des Brisker Raw Schüler war, und mein Herz begann vor Aufregung heftig zu schlagen.

* * *

Und die beiden Berge trafen zusammen. Und daß ich, der zum Zeuge dieser Begegnung wurde, nicht auf der Stelle zermalmt wurde, scheint mir ein Wunder Gottes zu sein.

Der Bjaler Rebbe, seligen Andenkens, pflegte am *Simchas-Thora* seine Chassidim vor die Stadt spazieren zu schicken. Er selbst saß auf dem Balkon seines Hauses, sah den Vorbeigehenden zu und genoß die Freude und Ruhe des Festtages.

Bjale war damals nicht, wie es heute ist. Es war noch ein kleines Städtchen mit kleinen, niedrigen Häusern, und nur die Schule und das *Beth-Hamidrasch,* das Lehrhaus des Rebben, ragten über die anderen Häuser empor. Der Balkon des Rebben lag im Obergeschoß, und man konnte von dort alles sehen, bis zu den Hügeln im Osten und bis zum Fluß im Westen.

Der Rebbe saß allein auf dem Balkon und schaute sinnend hinab. Als er einige Chassidim erblickte, die schweigend gingen, warf er ihnen den Anfang einer Melodie zu. Sie fingen die Melodie auf und gingen heiter singend weiter. In kleinen Gruppen zogen die Chassidim vorbei und kamen aus der Stadt singend und froh gelaunt hinaus, von der Freude des Thorafestes beseelt. Der Rebbe rührte sich nicht von seinem Balkon fort.

Da hörte der Rebbe Schritte hinter sich, stand von seinem Platze auf und ging dem Brisker Raw entgegen.

»*Scholem Alejchem*, Friede sei mit Euch, Rabbi«, sagte der Bjaler bescheiden mit seiner weichen, süßen Stimme.

»*Alejchem Scholem*, auch mit dir sei Friede, Nojach«, antwortete der Brisker.

»Setzt Euch, Rabbi!«

Der Brisker Raw setzte sich, und der Bjaler Rebbe blieb vor ihm stehen.

»Sag doch, Nojach!« fragte der Brisker Raw, seine Brauen hochziehend, »weshalb bist du aus meiner *Jeschiwe*, aus dem Lehrhaus, damals entlaufen? Was mißfiel dir dort?«

»Es fehlte mir, Rabbi«, antwortete der Bjaler Rebbe gelassen, »Luft zum Atmen. Ich konnte dort einfach nicht atmen ...«

»Wieso? Was redest du da, Nojach?«

»Nicht mir selbst«, erklärte der Rebbe mit leiser Stimme, »sondern meiner Seele fehlte Luft zum Atmen.«

»Warum denn, Nojach?«

»Eure Thora, Rabbi, ist nur das nackte, harte Gesetz. Ohne einen Funken Barmherzigkeit und Milde ist Eure Lehre. Und darum ist sie ohne Freude, ohne Gnade und Liebe – nur Eisen und Stahl, eiserne Gesetze, stahlharte

Vorschriften ... Und sie ist eine Thora nur für Gelehrte und für ganz wenige Auserwählte.«

Der Brisker Raw schweigt, und der Rebbe fährt fort:

»Sagt mir, Rabbi, was habt Ihr für das einfache Volk, für das *ganze* Volk Israel? Für den Holzhacker, für den Fleischer, für den Handwerker, für den einfachen Mann und für den sündigen Menschen? Was habt Ihr, Rabbi, für den *Nicht*-Gelehrten?«

Der Brisker Raw schweigt, als verstünde er nicht, was man zu ihm spricht. Und der Bjaler Rebbe steht noch immer vor ihm und spricht mit seiner süßen Stimme:

»Verzeiht mir, Rabbi, doch ich muß Euch die Wahrheit sagen: Hart ist Eure Thora; hart und trocken. Sie ist nur der Körper, die Hülle, nicht aber die Seele der Thora.«

»Die Seele?« fragt der Brisker Raw und legt seine hohe Stirne in Falten.

»Gewiß. Eure Thora, Rabbi, so sagte ich, ist nur für einzelne Auserwählte und für gelehrte Männer, nicht aber für das ganze Volk Israel. Und die Thora muß doch für alle, für ganz Israel sein. Die Gottesherrlichkeit, Gottes *Schechina* aber – muß auf ganz Israel ruhen! Denn die Thora ist doch die Seele Israels.«

»Und deine Thora, Nojach?«

»Wollt Ihr sie sehen, Rabbi?«

»Die Thora *sehen?*« wundert sich der Raw.

»Kommt, Rabbi, ich will sie Euch zeigen. Ich werde Euch ihren Glanz zeigen – die Freude, die von ihr auf alle ausstrahlt, auf ganz Israel.«

Der Brisker rührt sich nicht vom Platze.

»Ich bitte Euch, Rabbi, kommt, es ist nicht weit!« Er führt den Brisker auf den Balkon hinaus. Leise gehe ich ihnen nach.

Der Rebbe merkt es: »Du darfst mitkommen, Schmaje«, sagte er, »heute wirst du sehen ... und auch der Brisker Raw wird sehen. *Simchas-Thora* werdet Ihr sehen. Ihr werdet die *wahre Freude* an der Thora *sehen!*«

Und ich sah dasselbe wie jedes Jahr am *Simchas-Thora*, doch diesmal sah ich es *anders*, als ob ein Vorhang jetzt vor meinen Augen aufginge.

Ein unendlich weiter blauer Himmel über uns – so hellblau war der Himmel, daß es die Augen lebensfroh erquickte. Hoch am Himmel schwammen silberne Wölkchen, und wenn man länger hinblickte, so sah man, wie die Wölkchen vor Freude zittern, wie sie tänzelnd in einem *Simchas-Thora*-Reigen sich bewegen. Die Stadt war in der Ferne von einem grünen, breiten Gürtel umringt, ein dunkelgrüner Gürtel, doch das Grüne war lebendig grün, so lebendig, als schwebe zwischen den Gräsern ein frischer Lebensodem; jedesmal schien woanders ein duftiger Odem aufzuflackern. Man nahm mit allen Sinnen auf, wie die Flämmchen zwischen den Gräsern, springend und tanzend, sich bewegten, so, als liebkosten und küßten sie jeden Grashalm ...

Und auf den Wiesen wandelten Chassidim in kleinen Gruppen. Die Kaftane aus Atlas und sogar die aus einfacher Baumwolle, die neuen wie die zerrissenen, glänzten wie Spiegel. Und die Flämmchen, die zwischen den Gräsern hüpften, schmiegten sich zärtlich an die Festtagskleider der Chassidim, und es schien als tanzten sie mit Wonne und Liebe um jeden einzelnen Chassid. Die Chassidim blickten mit seltsam dürstenden Augen hinauf zum Balkon des Rebben. Und die dürstenden Augen – ich empfand es deutlich – saugten vom Gesicht des Rebben das Licht ein, und je mehr Licht sie einsaugten, um so lauter und froher klang ihr Gesang. Immer höher und höher, immer freudiger und heiliger ...

Und jede Gruppe sang ihr eigenes Lied, doch in der Luft verschmolzen alle Melodien und alle Stimmen, und es war *ein* Gesang, der den Rebben auf seinem Balkon erreichte. Alles singt – der Himmel, die Gestirne singen, die Erde singt, die Weltenseele singt!

Herr der Welt! Ich glaubte vor seliger Freude und Glück vergehen zu müssen.

Es war aber nicht beschieden.

»Es ist Zeit, *Minche* zu beten«, sagte plötzlich der Brisker Raw mit scharfer Stimme, und im gleichen Augenblicke war alles verschwunden.

Stille. Der Vorhang senkt sich wieder vor meinen Augen: oben ein gewöhnlicher Himmel, unten einfache Wiesen, einfache Chassidim in zerrissenen Kaftanen ... Abgerissene Töne alter Melodien ... Erloschen die Flämmchen ... Ich sehe den Rebben an. Auch sein Gesicht schien erloschen zu sein ...

Sie hatten sich nicht ausgesöhnt. Der Brisker Raw blieb derselbe Misnagid wie früher, und als ein solcher verließ er Bjala.

Aber eine Wirkung hatte die Begegnung doch gehabt: Er verfolgte uns Chassidim nicht mehr so heftig wie früher.

Gesenkten Blickes

1.

Vor langer, langer Zeit lebte in einem Dorfe, einige Meilen von Prag entfernt, ein frommer Jude, ein gewisser Jechiel-Mechel, der die Gaststätte und Weinstube des Dorfes in Pacht hielt.

Der adelige Besitzer des Dorfes, ein weit und breit bekannter und angesehener Graf, war dem Juden gut gesinnt, und der reichliche Ertrag seiner Gaststätten sicherte Jechiel-Mechel ein Leben in Wohlstand und Ruhe. Jechiel war ein allseits beliebter und geachteter Mann, gastfreundlich und hilfsbereit. Zu den Hohen Herbstfeiertagen, den *Jomim-Noraim*, fuhr er gewöhnlich nach Prag und spendete dort mit offener Hand für die Armen und Hilfsbedürftigen der Gemeinde. Jechiel-Mechel war ein thorakundiger Mann und ein häufiger Gast im Hause des geachteten Gemeinderabbiners, der auch der berühmten Prager *Jeschiwe*, der höheren Talmudschule, vorstand. Jechiel-Mechel hatte keine männlichen Erben, und so bat er den frommen Raw, für ihn Söhne vom Himmel zu erbitten. Der Raw aber sah mit der Kraft seines heiligen Geistes, daß dem Juden keine Freude an seinen Kindern beschert war, und wenn man von Söhnen keine Freude haben kann (so gilt hier das Wort), sei es besser, wenn sie lieber gar nicht zur Welt kommen sollen. Trauer befiel Jechiel-Mechel, als er vom Raw diesen Bescheid erfuhr, doch der Rabbi tröstete ihn und sagte:

»Jechiel, wenn du mit Gottes Hilfe eine schöne Mitgift erspart haben wirst und dann zu mir kommst, so werde ich für deine Tochter einen Mann wählen, auf den du stolz sein wirst!«

Etwas getröstet fuhr Jechiel nach Hause zurück. Er hatte zwei Töchter, und er begann nun, für Mitgift zu sorgen – erst für die ältere Tochter und dann auch für die jüngere.

»Wenn mir keine Söhne beschieden sind«, dachte Jechiel, »sind doch fromme und thorakundige Schwiegersöhne auch ein Segen Gottes.«

So sammelte er nun die Mitgift, und als er mit Gottes Hilfe die ersten fünfhundert Taler beisammen hatte, sagte er zu seinem Weibe Dwosche:

»Die Zeit ist gekommen, unsere ältere Tochter Nechama zu verheiraten.«

Dwosche stimmte zu, und sie begannen zu rechnen: dreihundert Taler Mitgift und zweihundert Taler für die Anschaffung der Aussteuer, Geschenke für Braut und Bräutigam und Ausgaben für die Hochzeitsfeier . . . und Geld für ein großes Armenmahl, an das man in Prag noch lange denken sollte.

Doch nicht so schnell läßt es sich machen, wie man es sich wünscht. Wie oft in solchen Fällen, stellten sich Hindernisse ein. Der Graf nahm seinen Pächter mit Aufträgen, die viel Zeit erforderten, in Anspruch. Dann kam der Winter, und Schneeverwehungen machten die Wege unbefahrbar; es kamen der Sommer und Herbst mit ihren Regenfällen und Überschwemmungen; es kamen die christlichen Feiertage, an welchen man die Schenke nicht verlassen konnte. Mit einem Worte, es wird nicht so geschwind getan wie gedacht; denn der Mensch denkt und Gott lenkt . . .

2.

Nechama, des Pächters ältere Tochter, verdiente es wohl, einen Bräutigam von der berühmten Prager *Jeschiwe* zu bekommen: ein Mädchen wie Gold, eine gute Seele, still und sanft. Die Güte leuchtet aus ihren ruhig blickenden Augen, und sie war folgsam und gefügig. Ohne Widerspruch führte sie alles aus, was ihr Vater und ihre Mutter und auch die frommen Menschen, die ins Haus kommen, von ihr verlangen. Andachtsvoll bereitet sie den Sabbattisch, spricht den Segen über die Sabbatlichter, liest schon fließend die Erbauungsbücher in *Iwre-Teitsch,* das heißt in Hebräisch-Deutsch. Mit einem Worte, sie ist würdig, unter die *Chupe,* den Trauungsbaldachin, geführt zu werden.

Nechama ist wohl würdig, doch nicht ganz so verhält es sich mit der jüngeren Tochter. Nichts wahrhaft Schlechtes läßt sich von ihr, Gott behüte, sagen. Und doch, ein sonderliches Wesen hat sie – nachdenklich und sinnend, wie im Traume wandelnd. Alles fällt ihr aus den Händen . . . Oft senkt sie die Augenlider und wandelt umher mit einem kreideweißen Gesicht wie in einer fernen, fernen Welt. Wenn man sie ruft, ist es, als rufe man sie aus jener fernen Welt zurück, und sie schrickt auf und taumelt. Und manchmal blickt sie einen so merkwürdig an, mit einem solchen starren und stechenden Blick, daß man sich unheimlich fühlt.

Schon konnte man bei ihr den Beginn eines unlauteren Lebenswandels vorausahnen: Sie saß fast immer nur in der Schenke und war von dort kaum fortzubringen, besonders an den Abenden, wenn dort getanzt und gespielt wurde. Sie hätte nächtelang so sitzen und dem Spielen und Scherzen der Bauernburschen mit den jungen Dorfmädchen zusehen können. Wie verzaubert folgte ihr Blick dem schwindelerregenden, schnellen Reigen der lustigen, angeheiterten jungen Menschen in der Schenke.

Und wenn man sie, fast mit Gewalt, in ihre Stube zurückbringt, wo sie mit Nechamale in einem Bette schläft, liegt sie mit geschlossenen Augen, bis ihre Schwester einschläft. Kaum merkt sie, daß jene schon schläft, springt sie Sommer wie Winter barfüßig aus dem Bett und lauscht durch einen Türspalt oder schaut durch das Schlüsselloch dem übermütigen Treiben in der Schenke zu. Wenn die Mutter sie dabei überrascht, brennt ihr ganzer Leib wie im Fieber, und die Augen blitzen mit glühenden Funken. Dwosche erschrickt bei diesem Anblick, läuft zu Jechiel-Mechel und erzählt es ihm.

»Ach, wenn man doch zuerst die jüngere Tochter verheiraten könnte«, seufzt Jechiel-Mechel.

»Man muß Menschen um Rat fragen«, antwortet Dwosche.

Inzwischen treten neue Hindernisse ein, die die Reise nach Prag verzögern, bis sich eines Tages folgendes ereignet:

3.

Der Besitzer des Dorfes, der schon erwähnte Graf, hatte einen einzigen Sohn, den er – wie es damals bei reichen, adeligen Familien üblich war – in Paris erziehen ließ. Wenn der junge Graf einmal im Jahre einen kurzen Ferienurlaub in seinem Heimatort verbrachte, bekam ihn kaum jemand im Dorfe zu sehen. Er war ein leidenschaftlicher Jäger und ritt Tag und Nacht in den Wäldern herum. Die Felle der Hasen und anderer Tiere, die er erlegte, erhielt dann Jechiel-Mechel in der Küche des gräflichen Schlosses halb umsonst.

Eines Tages – in der Luft lag eine glühende, schwüle Hitze – kam der junge Graf reitend im Dorf an. Er hielt vor dem Hause Jechiel-Mechels, stieg von seinem milchweißen, schäumenden Pferde ab, das er an einen Zaunpfahl band, stürzte hastig in die Schenke und verlangte nach einem Glas kalten Apfelweins.

Jechiel-Mechel reichte es ihm mit zitternden Händen. Der junge Graf trank einen Schluck daraus und verzog sein Gesicht; im Keller des väterlichen Schlosses lagerten wohl bessere Weine, Gott weiß wie alte. Er würde das Glas Jechiel-Mechel an den Kopf geworfen haben, wenn er nicht plötzlich Malkale, des Pächters jüngere Tochter, erblickt hätte. Sie saß still in einer Ecke und starrte bleich und unbeweglich vor sich hin. Der junge Graf stellte gelassen sein Glas hin, warf einen ganzen Taler auf den Schanktisch und fragte:

»Moische«, – die großen Adelsleute nannten jeden Juden *Moische* –, »ist das deine Tochter?«

Jechiel-Mechel fühlte wie sein Herz vor Schreck stillstand und stammelte: »Ja, ja, meine Tochter.« Der junge

Graf blickte lange und wortlos auf das Mädchen. Am nächsten Tage kam er wieder und trank sein Glas Apfelwein. Und so ging es auch am dritten und vierten Tag. Die Eltern bergen jetzt schon Malkale in ihrer Stube; der junge Graf merkt es und wird böse. Er sagt nicht weshalb, aber er zwirbelt zornig sein schwarzes Schnurrbärtchen auf, und seine Augen funkeln drohend dabei. Und einmal sagt er, wie nebenbei, daß Jechiel-Mechel einen zu kleinen Pachtzins zahle, daß Prager Juden größere Beträge anbieten. Dies war wohl wahr, doch der alte Graf wollte davon nichts wissen. Soll doch sein treuer Pächter sein gutes Auskommen haben, dachte der alte Graf, auf ein paar Gulden mehr Pachtzins kommt es ihm nicht an. Die Anspielungen des jungen Grafen beunruhigten aber Jechiel sehr, und in tiefer Sorge sah er, wie Malkale mehr noch als früher abwesend und träumend herumwandelte. ›Höchste Zeit‹, dachte Jechiel, ›jetzt nach Prag zu fahren und sich beim Rabbi Rat zu holen.‹ Doch immer wieder treten Hindernisse ein. Der junge Graf kommt jeden Tag in die Schenke, bis er einmal zu Jechiel-Mechel sagt:

»Moische, verkauf mir deine Tochter!«

Jechiel fuhr vor Schreck zusammen und fühlte, wie ein dunkler, schwerer Schleier seine Augen bedeckt.

»Sie heißt Estherke, deine Tochter?«

»Nein, Malke heißt sie ...«

»Stell dir doch mal vor«, sagt der junge Graf, »daß sie Esther heißt und du Mordechai und ich Achasverus ... Wie? Glaube aber ja nicht, daß ich dir eine Krone aufs Haupt setzen werde. Du bekommst aber die Gaststätte für immer geschenkt und kannst sie deinen Kindern und Kindeskindern vererben.«

Der junge Graf gab ihm einige Tage Bedenkzeit und verließ lachend die Schenke.

4.

Nun wußte Jechiel, daß ihm Schlimmes drohe, und rasch entschlossen fährt er nach Prag ins Haus des Rabbis. Er traf den Rabbi in seinem Lehrhaus beim Talmud-Unterricht an, empfing seinen Willkommensgruß *Scholem Alejchem*, Friede sei mit dir, und ohne weitere Umschweife fragte er ihn:

»Rabbi, darf man eine jüngere Tochter vor der älteren verheiraten?«

»Nein, Jechiel-Mechel, so etwas darf man nicht. Das ist nicht die jüdische Sitte.« Und er erinnerte ihn an die Geschichte von Jakob und Laban.

»Ich weiß, Rabbi«, sagt Jechiel-Mechel, »doch wenn es halt sein muß?«

»Warum eigentlich?«

Jechiel-Mechel erzählt bitteren Herzens dem Prager Rabbi alles, was vorgefallen ist. Der Zaddik wird nachdenklich und sagt nach einigem Zögern:

»In einem solchen Notfall darf man es wohl.«

Jechiel erzählt nun dem Rabbi von den fünfhundert Talern, die er zur Mitgift bestimmt habe, und erinnert ihn an sein Versprechen, ihm einen seiner besten *Jeschiwa*-Schüler als Schwiegersohn zu geben.

»Nein, Jechiel-Mechel, das kann ich nicht.«

»Warum denn nicht, Rabbi?« fragt Jechiel-Mechel erschrocken. »Hat denn meine Malkale, Gott behüte, eine schwere Sünde begangen? Ein junges Kind, ein zartes Bäumchen, wohin man es biegt...«

»Gott bewahre!« unterbricht ihn der Rabbi. »Ich sage nicht, daß deine Tochter gesündigt hat: Nein, das meinte ich nicht... Höre doch, Jechiel-Mechel, deine Tochter hat zwar nicht gesündigt, aber... sie war nahe daran, und sie wurde schon ein wenig von der Sünde berührt. Doch das wichtigste ist«, fährt der Rabbi fort, »man muß an dein Wohl und an das Wohl deiner Tochter denken. Aufsicht braucht sie, den Schutz eines Mannes, eines reifen Menschen. Am besten wäre er ein Kaufmann, ein ehrenwerter Bürger. Aufsicht auch seitens der Schwiegereltern, des Hausgesindes. Man muß ihr die sündigen Gedanken aus dem Kopfe herausschlagen. Und deshalb muß sie in ein Haus kommen, in ein Haus mit vielen Ohren und Augen. Gegen den bösen Trieb, wenn er sich einmal einschleicht, muß man schwer kämpfen, denn er gleicht einem bitteren Meerrettich: Man pflanzt den Rettich nur einmal, er aber wächst dann ewig... Du pflückst ihn, er aber wächst wieder. Ist es nicht so?«

»Ja, Rabbi, so ist es.«

»Und nun«, fährt der Zaddik fort, »überlege gut, Jechiel-Mechel. Wenn ich mein Wort halten müßte – denn schließlich habe ich es doch versprochen – und auch nach deinem Willen handeln sollte und dir einen meiner *Jeschiwa*-Schüler geben würde, einen armen, elternlosen, verlassenen Jungen... wird es gut sein? Was vermag denn solch ein armer, schwacher Jüngling? Er ist thorakundig, ja... Er wird eifrig weiterlernen. Mehr aber weiß er nicht und will auch nicht wissen und darf es auch nicht. Und wo wird das junge Paar wohnen? Zu euch ins Dorf wirst du wohl das junge Paar nicht nehmen wollen, nicht wahr?«

»Nein, keineswegs, Gott behüte uns, nicht so lange der junge Graf sich dort befindet!«

»Und wer weiß, wie lange er dort bleiben wird. Wer kennt schon die Launen dieser Edelleute? Welche Sorgen haben denn diese Leute, diese reichen Grafen? Du wirst also das junge Paar zu dir ins Dorf nicht nehmen wollen. Du wirst sie in Prag lassen müssen, eine Wohnung für sie mieten und ewig für ihr Auskommen sorgen. Und was werden die jungen Leute tun? Er, der junge Mann, wird Tag und Nacht im Lehrhaus sitzen, Thora und Talmud lernen. Und sie? Das junge Weibchen, was wird sie tun? Welchen Gedanken wird sie nachhängen? Sich selbst überlassen wird sie weiter in der Welt ihrer Träume leben.«

»Ihr habt Recht, Rabbi«, muß Jechiel-Mechel mit heiserer Stimme zugeben. »Was soll man also tun?«

»Was sich läßt«, antwortet der Rabbi. »Ich werde dir helfen. Ich werde den *Schadchen,* den Heiratsvermittler, zu mir kommen lassen und ihm sagen, daß er einen passenden Mann für deine Tochter suchen soll. Es muß ein Haus voll mit Menschen sein, wohlhabende und lebensfrohe Menschen, die in Grenzen des Anstandes und des Erlaubten das Leben genießen. Du wirst sehen, wie mit Gottes Hilfe alles gut wird. Wenn du dann später, Jechiel-Mechel«, tröstet ihn der Rabbi weiter, »die Mitgift für deine zweite Tochter beisammen hast und zu mir kommen wirst, bekommst du einen Schwiegersohn, wie man es sich besser nicht wünschen kann, mit Gold nicht aufzuwiegen ... Inzwischen aber bereite Malkales Hochzeit vor.«

5.

Und so geschah es.

In aller Stille schloß man auf Veranlassung des Rabbis eine Partie für Malkale mit einem Mann aus gutbürgerlicher Familie ab. Bis zum allerletzten Augenblick wußte

Malkale nicht, weshalb viele Schneider ins Haus kamen und ihr Kleider anmessen und warum man sie eines Tages früh am Morgen aus dem Schlaf weckte und nach Prag brachte.

Und als sie es endlich begriffen hatte, was es zu bedeuten hat, sprach sie auch kein Wort. Ihre junge, zarte Seele blieb in sich verschlossen.

Was bei ihr im Herzen vorging, wußte niemand. Doch an der Oberfläche schien es eine gute und glückliche Partie zu werden, wie man sie wohl allen jüdischen Töchtern wünschen könnte. Malkale war jetzt wohl immer etwas zu blaß, sie ging wie im Schlaf immer mit gesenkten Augen umher, doch schien niemand deswegen beunruhigt. Anfangs sagte man sich, es sei der keusche Liebreiz der Braut. Später hieß es dann, Malkale sei seit je so blaß und verträumt gewesen, doch – seht nur, was für eine augenblendende Schönheit sie ist! Und dabei so still und folgsam. Ohne die Schwiegermutter ging sie keinen Schritt, und sie bat niemals um etwas. Was man ihr gab, das aß sie; wann und was man ihr anbot, trank sie; und welches Kleid man auch wollte, sie zog es wortlos an. Bescheiden, züchtig, sanft und schön war sie. Und am Sabbat, wenn sie das atlasschwarze Kleid mit der goldenen Spange anzieht, um den alabasterweißen Hals die Perlenkette hängt und die brillantenen Ohrringe nur so am Ohrläppchen funkeln, da bleiben die Frauen und Mädchen gaffend in der Gasse stehen und sagen einander: »Eine Prinzessin!« Malkale aber, als würde man nicht sie meinen, geht still und züchtig zwischen ihrer Schwiegermutter und ihren Schwägerinnen ins Bethaus, steht dort an der Balustrade neben der Schwiegermutter, senkt ihre seidenen Wimpern und öffnet mit ihren weißen Händchen die silbernen Klammern ihres *Siddurs*, des goldgefaßten Gebetbuches, und ihre Lippen flüstern die Gebete.

Und an den Wochentagen? Und jeden Abend?

»Wohin möchtest du spazierengehen, Malkale?«

Sie sagt nicht wohin. Wo andere gehen, geht auch sie mit. Und wenn man am Schaufenster eines Schmuckladens vorbeikommt, bleiben alle stehen und schauen; Malke aber nicht. Sie bleibt wohl stehen, weil alle stehenbleiben, doch sie schaut nicht ins Fenster, sie schaut in die Luft . . .

Die Leute sagen: »Wozu braucht sie Schmuck, sie ist allein der schönste Schmuck!«

Ihr junger Ehemann liebt sie über alle Maßen, kann ohne sie nicht atmen, hütet sie wie das Auge im Kopfe.

Alles scheint gut zu gehen. Von außen zierlich und blendend rein ist sie, ein schöner Kristall. Doch wie sieht es bei ihr im Herzen aus?

Tief in ihrer Seele verborgen ist das Bild der alten Schenke mit ihren Tänzen, Gesang und Spielen. Im Herzen schwebt leuchtend die Gestalt des jungen Grafen. Kaum schließt sie ihre Augen, im Bethaus an der Balustrade, beim Segensspruch über die Sabbatlichter oder beim Gebet am Sabbatausgang, schon entzünden sich in ihrer Seele glühende Phantasiebilder: Sie tanzt – Gott möge sich ihrer erbarmen – mit dem jungen Grafen in einem wilden Reigen in der Schenke, oder sie reitet mit ihm auf seinem weißen, feurigen Pferd über Wald und Tal. Und nachts, wenn ihr Mann sich ihr nähert, schließt sie die Augen, umarmt, küßt und liebkost – wen? Den schönen, jungen Grafen . . .

Ihr frommer Ehegatte bittet sie flehend: »Öffne doch, Liebste, deine schönen Augen, die Pforte ins Paradies öffne mir!« Doch vergeblich. Sie hält die Augen fest geschlossen. Und wenn ihr junger Mann so tut, als wollte er grollend von ihr abrücken, umschlingt sie ihn mit ihren Armen so mächtig wie mit Zangen. Er erschrickt und will sich aus der Umschlingung losreißen, doch sie fleht kaum hörbar mit matter Stimme:

»Mein Prinz, mein Adler, bleib bei mir!«

Der junge Ehemann glaubt, seine Frau liebe ihn so leidenschaftlich, daß sie ihn in ihrer dörflich naiven Sprache *Prinz* und *Adler* nennt, und er denkt: ›Soll sie ihre schönen Augen halt nicht öffnen, wenn sie, meine keusche Frau, so schamhaft ist...‹

6.

Und so verfließt Jahr um Jahr. Kinder haben sie nicht. Malke lebt aber nicht mit ihrem Mann...

Womit läßt sich es vergleichen? Vielleicht soll man's mit einem Apfel, der scheinbar gesund und frisch an einem grünen Zweige hängt, auf einem goldblühenden Apfelbaum vergleichen. Die rote Schale des Apfels hat die Farbe des Himmels vor Sonnenaufgang, und ein frischer, paradiesischer Hauch streift ihn wundersam. Doch wirklich frisch und gesund ist nur die Schale; innen jedoch ist schon alles vom Wurm zernagt.

Ganz anders gestaltete sich das Schicksal Jechiel-Mechels älterer Tochter Nechama. Bei Jechiel-Mechel aber wurde die Lage immer schlimmer und schlimmer.

Als die fröhliche Hochzeitsfeier in Prag mit allen ihren Tänzen und Spielen zu Ende ging, fuhr Jechiel-Mechel mit nur wenigen verbliebenen Talern in der Tasche ins Dorf zurück. Als er sich seinem Hause, das am Rande des

Dorfes lag, näherte, sah er sein ganzes Hausgerät, die Tische und Bänke der Schenke, auf freiem Felde liegen, und ein Bauer des Grafen stand als Wächter dabei.

Der Bauer läßt ihn nicht ins Dorf hinein. Es stellt sich heraus, daß, während er frohen Mutes die Hochzeit seiner jüngeren Tochter feierte, ein anderer Jude dem alten Grafen einen beträchtlich höheren Pachtzins angeboten hatte und so die Schenke erwarb. Es war dem jungen Grafen gelungen, seinen Vater zu bewegen, das Angebot des neuen Mannes anzunehmen – und nun sitzt schon der fremde Jude fest in der gepachteten Schenke.

Jechiels Weib und Nechama, seine ältere Tochter, weinen bitterlich und ringen verzweifelt die Hände. Jechiel-Mechel bat den Wächter, ihn ins Dorf hereinzulassen, damit er doch mit dem alten Grafen spreche. Doch der Wächter hebt die Büchse, die auf seiner Schulter lag, und ruft drohend: »Ich werde schießen! Ich werde auf dich, Jude, schießen müssen!«

Der Bauer war ein gutmütiger Mensch und Jechiel-Mechel wohlgesonnen; Tränen standen in seinen Augen, doch der Graf hatte befohlen, und er würde den Befehl ausführen und schießen müssen. Jechiel-Mechel sieht ein, daß alles verloren war. Zurück nach Prag kann er nicht fahren, denn nach der Hochzeitsfeier sind ihm nur noch wenige Taler geblieben. Er will auch nicht die jüngere Tochter mit seiner Armut beschämen. Er nimmt also seine Frau und seine Tochter Nechama und fährt mit ihnen zu einem anderen Gutsbesitzer in einem anderen Dorfe, weit, weit von Prag entfernt. Er bittet um Erlaubnis, einen kleinen Laden mit Salz, Brot und anderen kleinen Waren dort führen zu dürfen, überläßt dann den Laden seiner Frau und Tochter und zieht in die Ferne, um Mittel zu finden, einen Prozeß gegen den Grafen, der den

Pachtvertrag mit ihm gebrochen hat, zu führen. Er will auch gegen den Juden, der das biblische Verbot der *Grenzüberschreitung* mißachtete und ihn um seinen Broterwerb brachte, eine Klage vor dem Rabbinatsgericht einer jüdischen Gemeinde einreichen.

Es geht jedoch nicht so schnell, wie er es sich vorgestellt hatte. Mittellos wie Jechiel-Mechel jetzt war, dauerten die Prozesse Jahre. Er verlor den Prozeß gegen den Grafen und mußte eine Zeitlang im Gefängnis sitzen, weil er die Prozeßkosten nicht zahlen konnte. Die Klage vor dem Rabbinatsgericht, das nach Thoragesetzen urteilt, gewinnt er wohl, doch der neue Pächter weigert sich, den Urteilsspruch auszuführen. Der Prager Zaddik, dessen Autorität hier wirksam gewesen wäre, ist inzwischen aus dieser Welt geschieden, und die Prager Gemeinde sucht nach einem neuen Rabbi, doch man konnte keinen finden, der würdig genug wäre, dieses hohe Amt zu bekleiden. Es herrschte ein Zustand des *kein Recht und kein Richter*.

Jechiel-Mechel kehrte nach langer Abwesenheit unverrichteter Dinge nach Hause zurück. Von den erlittenen Entbehrungen völlig erschöpft, fiel er krank zu Bette, und nach einigen Wochen starb er. Seine Frau überlebte ihn nicht lange, und Nechama blieb als Waise ganz allein im Haus und im Dorf zurück. Der kleine Laden brachte nichts ein, und Nechama litt an Hunger und Not. Die jungen Bauernburschen, die nun sahen, daß Nechama allein geblieben war, gaben ihr keine Ruhe, versuchten, ihren Spaß mit ihr zu treiben, und wurden böse, weil das arme jüdische Mädchen sich von ihnen nicht anrühren ließ.

Einen Brief nach dem anderen schreibt sie nun an ihre jüngere, reiche Schwester nach Prag; doch, wie wir es bereits wissen, lebt dort ihre jüngere Schwester wie abwesend in einem Reich von Phantasien und Träumen, und sie liest die Briefe nicht. Die arme verlassene Waise erhält keine Antwort auf all ihre Briefe. Am Rande der Verzweiflung erhebt sie sich in einer Nacht, schließt den kleinen Laden ab und stiehlt sich zu Fuß aus dem Dorfe hinaus. Sie geht aufs Geratewohl und hofft, den Weg nach Prag zu ihrer Schwester zu finden.

So geht sie, vor Kälte zitternd, mit einem trockenen Stück Brot in der Hand aus dem Dorfe hinaus, bis sie zu einem Walde kommt. Sie fürchtet sich vor wilden Tieren, bleibt am Waldesrand stehen, klettert auf einen Baum und will in den dichten Zweigen warten, bis es Tag wird. So liegt sie dort und betet flüsternd das Nachtgebet *Kriyat-Schema*. Plötzlich, mitten in ihrem Beten, hört sie das Bellen und Laufen jagender Hunde, das immer näher kommt. Es dürften wohl die adeligen Herren der Umgebung sein, die im Walde auf die Jagd ziehen, denkt das arme Mädchen und verbirgt sich tiefer in den Zweigen. Der Jagdlärm kommt immer näher und näher, und eine wilde Rotte von bellenden Hunden springt auf den Baum zu. Zwei junge Reiter kommen heran, um zu sehen, warum die Hunde so wütend bellen und den Baum umkreisen. Die Reiter sind zwei junge Edelleute, die rasch auf den Baum klettern und das erschrockene Mädchen gewaltsam hinunterziehen. Sie zünden ein Feuer an und betrachten ihre *Beute*. Sie sehen, daß es ein jüdisches Kind ist, ein schönes Mädchen, zitternd vor Hunger und Kälte. Sie versuchen, das Mädchen zu beruhigen, und sagen ihr, daß sie mit ihr, Gott bewahre, nichts Schlimmes vorhätten, daß sie schön sei und wie ein Morgenstern in finsterer Nacht leuchte. Wenn sie ein neues, schönes Kleid anziehen werde, werde sie wie eine Königin glänzen und wie eine Rose duften. Nechamas Herz stand still vor Angst. Sie hört die beiden jungen Grafen miteinander streiten – jeder von ihnen will sie zu sich nehmen, jeder behauptet, daß sie seine sei und daß sein Hund das Mädchen auf dem Baume zuerst erspürt habe. Schließlich einigen sie sich, den Streit im Zweikampf auszutragen, und wer am Leben bleibt, wird das Mädchen zu sich nehmen dürfen. Sie stellen sich mit ihren Pistolen einander gegenüber, zum Zweikampf bereit. Doch im letzten Augenblicke besinnen sie sich eines Besseren und beschließen, das Los entscheiden zu lassen. Der Gewinner zog dann das Mädchen auf sein Pferd und brachte die ohnmächtige Waise in sein Schloß . . .

. . . und am Morgen erwachte sie beim Grafen im Schlosse.

7.

Ja, als sie aus ihrer Ohnmacht aufwachte und den jungen Grafen sah, der sie fest umschlungen in seinen Armen hielt, sie küßte und liebkoste, da wußte sie, daß sie verloren war und daß sie sich nicht mehr retten konnte. Da bat sie:

»Lieber Graf, ich bin eine Gefangene in deinen Händen. Du bist zu stark, als daß ich mich gegen dich wehren könnte. Ich bitte dich flehend, habe Mitleid mit mir und versprich mir nur das eine: Du hast dich an meinem Körper versündigt, es ist geschehen und läßt sich nicht wiedergutmachen. Versündige dich nicht an meiner Seele, laß mir meinen Glauben. Den Glauben meiner Väter. Laß mich glauben und beten, wie ich es will.«

Der Graf verstand nicht recht, was sie damit meinte. Doch er liebte sie schon leidenschaftlich, und er versprach ihr alles. Im stillen dachte er: ›Was kann es mir denn schaden? Heiraten werde ich das Mädchen ja doch nicht.‹ Er sagte ihr, daß er einmal bei einem Juden in Prag ein *Siddur,* ein jüdisches Gebetbuch, gekauft hätte, und brachte es ihr als sein erstes Geschenk. Mit Freude ergriff sie das Buch, doch bald ließ sie es auf den Tisch fallen. »Meine Hände«, sagte sie, »sind nicht würdig, dieses reine, heilige Gebetbuch zu halten.«

Der Graf sah sie verwundert an und schwieg.

* * *

Am Hofe des Grafen führte nun Nechama ein Leben, das ganz der Gegensatz war zu dem Leben ihrer Schwester in Prag. Beide hielten ihren Blick zu Boden gesenkt, beide wandelten sie fremd und abwesend umher. Doch während Malke mit ihrer Seele in reinem Körper sündigte, hat Nechama ihren Körper aufgegeben, doch ihre Seele rein bewahrt.

Wenn der Graf sie in seine Arme nimmt, schließt sie die Augen und denkt: »Mein Mütterchen küßt mich.« Die Mutter liebkost und küßt sie und lehrt sie im Schlafe die Segenssprüche sagen, die eine jüdische Frau kennen muß.

Er will, daß sie ihn lieben soll.

Oh, sie liebt, sie liebt innig – die Mutter! Sie umarmt die Mutter: »Noch einmal, Mütterchen, bete mit mir«, flüstert sie. Mit ihren sündigen Lippen will sie die Gebete nicht sprechen, doch tief in ihrer Seele leuchten die heiligen Worte.

8.

Niemand lebt ewig, und den Schwestern war kein langes Leben beschieden. Als die Seelen sich vom Leibe lösten, kam die Seele Malkes, der jüngeren Schwester, schwarz wie ein Rabe aus ihrem weißen Körper heraus und verschwand in den Abgründen der Hölle.

Die weiße, reine Seele der älteren Schwester Nechama, kaum hatte sie sich aus dem sündigen Körper befreit, schwebte leicht und still wie eine Taube in die Höhe zum Himmel empor. Vor der Himmelspforte blieb sie aber scheu, zitternd und zögernd stehen. Doch Gott in Seiner Milde erbarmte sich ihrer, öffnete vor ihr das Himmelstor und wischte ihr tröstend die Tränen fort.

Von alldem wußten aber die Menschen auf der Erde nichts. Der reichen Prager Frau machte man ein großes, würdevolles Begräbnis, und die Vorsteher der Gemeinde hielten feierliche Nachrufe. Sie wurde auf dem Ehrenteil des Friedhofes bestattet, neben den Gräbern angesehener, frommer Frauen, und nach Ablauf eines Jahres wurde ein großes, feines Grabmal errichtet, mit gemeißelten Lobsprüchen über ihr tugendhaftes Leben.

Doch als der junge Graf den Leichnam der älteren Schwester zur Beerdigung nach Prag überführte, wollte keines der ehrenwerten Mitglieder der *Chevrah-Kadischa,* des freiwilligen Bestattungsverbandes der Gemeinde, den sündigen Körper anrühren, und einfache, arme Träger wurden für die Leichenwaschung gedungen. Die Leiche wurde in einen alten Sack gehüllt und in einen Graben irgendwo hinter dem Friedhofszaun geworfen.

Ein Mensch sieht nur das, was auf der Oberfläche liegt . . .

9.

Eine Zeitlang später gab der Prager Magistrat einen Teil des alten Friedhofs für den Bau einer Straße frei. Es wurden Gräber geöffnet, um die verbliebenen Gebeine an einer anderen Stelle zu bestatten. Der Totengräber, der Nechamas Grab am Friedhofseingang öffnete, fand nur noch einen Schädel darin – vom Körper und den anderen Gliedern war keine Spur mehr geblieben. Als der Totengräber den Schädel ohne Absicht mit dem Fuß berührte, rollte er fort und war nicht mehr zu finden.

Als man jedoch Malkes Grab öffnete, fand man ihren toten Körper ganz und frisch, und es schien fast, als ruhe ein mildes Lächeln auf ihrem weißen Gesicht.

»Das ist eine wahrlich fromme und tugendhafte Frau«, sagten die Menschen. »Die Würmer konnten ihrem Körper nichts anhaben.«

So denken und sprechen Menschen, die mit ihren Augen nur das auf der Oberfläche Liegende sehen können und niemals wissen, was im Herzen vorgeht und in der Seele tief verborgen liegt.

Sch'ma Israel

(Höre Israel)

oder

Der Baß

In Tomaschow, einem an der galizischen Grenze gelegenen kleinen Städtchen, tauchte eines schönen Tages ein armer Bursche auf, von dem keiner wußte, woher er kam, wo er sich tagsüber aufhielt und wo er übernachtet hatte, der sich dort von Zeit zu Zeit zeigte und um Essen bat.

Was auch immer sonst geschieht – wenn jemand eine Hand ausstreckt, muß man ihm etwas geben, besonders wenn der Bursche kein Almosen annimmt, auch keine Speisen, sondern nur ein Stück trockenes Brot. Bei einem, der Speisen verweigert, fragt man nicht, wer und was er ist, denn alles Lebende muß doch essen. Doch fällt auf, daß er ein merkwürdiger Bursche ist. Seine Augen blicken in die Ferne, doch scheinen sie nicht zu sehen, was vorgeht; und er bewegt seine Ohren wie andere ihre Augenbrauen bewegen, als würde er Stimmen aus der Luft auffangen, obzwar Stille wie vor dem Schofarblasen herrscht. Und weil er scheinbar so weit sieht und hört, geht er immer wie im Traum herum. Wenn man ihn anspricht, schrickt er auf, als hätte man ihn aus einer anderen Welt zurückgeholt, und er antwortet nur mit einem *Ja* oder *Nein*. Wenn er mehr sagen will, verstrickt er sich in seine eigenen Worte wie in einem Netz. Schweiß tritt auf seine Stirn, und es gelingt ihm dann lange nicht, sich wiederzufinden.

Wenn mal ein Hausherr oder eine Hausfrau sich des Burschen bedient, um ihn um etwas zu schicken, irrt er tagelang herum und kommt mit einer Antwort zurück, die keinen Sinn hat. Und dies – Gott behüte – nicht aus Faulheit, sondern wegen seiner Verwirrtheit.

»Hast du den oder jenen angetroffen?«

»Erst heute.«

»Und wo warst du so lange?«

Es stellt sich heraus, daß er bei seinem Botengang ein Mäuschen traf, das jämmerlich gepiepst hatte, wahrscheinlich konnte es nicht nach Hause finden. Hernach rief ein Vogel aus den Lüften. Er ist dem Vogel nachgegangen, und deshalb kommt er erst heute hierher, wo er längst hätte sein sollen. Und alles, was man ihm aufgetragen hatte, hat er entweder vergessen oder er hatte es von vornherein nicht verstanden. So kommt alles verkehrt heraus, aber er lächelt schüchtern dabei und streckt die Hand nach einem Stückchen Brot aus, weil er all die Tage keinen Bissen zu sich genommen hatte.

In einem sommerlich ruhenden Schtedtl, wo es zur Zeit keinerlei Geschäftstätigkeit gibt und die langen, leeren Tage sich hinziehen, sitzen die Bürger an den Fenstern und blicken gähnend zum Marktplatz, ob sich nicht vielleicht doch etwas ereignet, wobei man mitmachen könne. Steht so ein Hausherr also an seinem Fenster und erblickt den armen, fremden Burschen. Er ruft ihm zu. Er hat nichts anderes zu tun, alle Fliegen schon gefangen und hat die Absicht, ihn gründlich auszufragen.

»Komm doch, Bursche, in mein Haus!«

Der Bursche bewegt verneinend seinen Kopf, er will nicht.

»Warum?«

»Darum.«

Da lacht der Hausherr, ist nicht zu faul und geht zum Burschen vor die Türe hinaus, setzt sich auf die Schwelle und fängt an, ihn auszufragen.

»Wie heißt du, Bursche?«

»Wie ich heiße?« wiederholt der Bursche, »Abraham! Mir scheint, Abraham, ja, Abraham.«

»Du bist nicht sicher?«

»Es ist niemand sicher. Wie kann man denn sicher sein? Es scheint einem so vieles.«

Da lacht der Hausherr:

»Und wie ist dein Zuname?«

Davon weiß der Bursche schon gar nichts und fragt naiv, ob man denn einen Zunamen haben muß. Sagt der Hausherr:

»Natürlich, es kann viele Abrahams geben, die man dann verwechseln könnte.«

»Und was ist dabei?«

»Wessen bist du, Bursche?«

»Des Vaters.«

»Und wie heißt dein Vater?«

»*Vater* heißt er.«

»Und wo wohnt dein Vater?«

»Dort, wo dein Vater wohnt«, sagt der Bursche und weist mit dem Finger zum Himmel.

»Eine merkwürdige Frucht«, lächelt der Hausherr und fragt weiter:

»Und einen anderen Vater hast du nicht?«

»Nein.«

»Und eine Mutter?«

»Muß man eine haben?«

Darauf kugelt sich der Hausherr vor Lachen, und der Bursche fragt:

»Kann ich schon gehen?«

»Bald, bald«, antwortet der Hausherr, der vor Vergnügen schmilzt.

»Woher kommst du, mein Kluger?«

»Vom Dorfe.«

»Wie heißt das Dorf, und wo liegt es?«

Das weiß er nicht, der Bursche. Er sei gegangen und gegangen und gegangen ... und der Bursche wiederholt das Wort *gegangen* so oft, bis ihm die Lippen trocken werden und er mit den Worten *und noch mehr gegangen* die Antwort beendet.

»Und wieviele Tage und Nächte?«

Er hat nicht gezählt.

Fällt dem Hausherrn die Frage ein:

»Und kannst du beten?«

»Beten?«

Da muß ihm der Hausherr erklären, was *Beten* bedeutet, bis der Bursche nach einer Menge Erläuterungen errät, daß *Beten* »mit dem Vater reden« bedeutet.

»Ja, ja«, sagt der Hausherr und glaubt, daß sich ihm vor Lachen die Gedärme verdrehen.

Er weiß, *Sch'ma Israel* zu sagen.

»Wer hat es dich gelehrt?«

Darauf erzählt der Bursche, daß ihm im Walde, auf dem Wege vom Dorfe zur Stadt, ein sehr alter Mann begegnet sei. Dieser alte Mann sagte ihm, wer sein Vater sei, und lehrte ihn auch, zum Vater zu sprechen und das *Sch'ma Israel* zu sagen. Zwar begreife er nicht, was er zu dem Vater spricht, doch sagte ihm der Alte, daß der Vater ihn bestimmt verstehen und daran seine Freude haben werde.

»Und wann sprichst du mit dem Vater?«

Zweimal am Tage und dabei spiele er.

»Worauf spielst du?«

»Auf was sich mir trifft.«

Im Dorfe spielte er auf Grashalmen und Blättern. Dann zeigte ihm jemand, wie man auf einem Pfeifchen aus Holz spielt, und er spielte darauf. Als man ihm in der Stadt eine irdene Pfeife schenkte, konnte er auch auf dieser spielen.

»Und wenn man dir zum Beispiel eine Fiedel geben sollte?«

Da leuchten des Burschen Augen auf. Ach, wie gerne möchte er eine Fiedel besitzen, wie die Stadtmusikanten sie haben. Und noch so ein großes Instrument, das man an einem Riemen trägt ... ach, wie würde er darauf spielen!

Der Hausherr setzte sein spöttisches Fragen fort:

»Vielleicht wird man dir solch ein Instrument kaufen, doch zuerst mußt du uns zeigen, was du kannst!«

Der Bursche holt aus seiner Brusttasche ein irdenes Pfeifchen hervor, und während er spielt, entsteht unter dem Himmel ein Singen und Lärmen von Schwärmen und Wolken jubilierender Vögel. Der Bursche blickt zu ihnen hinauf, lächelt glückselig und steckt sein Pfeifchen wieder ein.

Der Hausherr aber hat nicht nach oben geschaut und hat das alles nicht bemerkt. Beim Klang des Pfeifchens trat auch die Hausfrau aus dem Hause und nach ihr die Dienstmagd. Zwei Ehepaare erscheinen am Fenster und blicken hinaus, während der Hausherr, stolz auf seine Entdeckung, den Burschen weiter ausfragt:

»Wovon hast du im Walde gelebt?«

Von Schwämmen habe er sich ernährt.

»Und vorher im Dorfe?«

»Von dem, was man mir schenkte.«

»Wer schenkte es dir?«

»Ein Bauer, eine Bäuerin, sogar der Pope und der Schankwirt.«

Der Hausherr hält den Atem an – nein, das schlägt dem Faß den Boden aus! Doch der Bursche läßt sich nicht aus seiner Ruhe bringen und fährt in aller Unschuld zu antworten fort, so daß die Leute ganz gerührt ihm Kraut, Borschtsch, Fleisch und Brot anbieten. Er aber nimmt für sich nur das Brot, alles andere gibt er den Vögeln.

»Warum nur Brot?«

Er mag nur Brot, andere Speisen mag er nicht. Auch der Alte im Walde hat ihn gefragt, was er esse. Als er ihm sagte, daß er nur Brot esse, sagte der Alte zu ihm, daß er ihn dafür liebe, und lehrte ihn dafür, wie man mit dem Vater redet. Er liebe den Alten so sehr, fuhr der Bursche fort, er spreche das *Sch'ma Israel* mit solchem Ernst, weil es ihm der Alte so befohlen hat.

Doch der Hausherr läßt nicht locker und fragt weiter:

»Und wenn der Alte dir befehlen würde zu stehlen?«

Würde er stehlen.

»Und morden?«

Würde er morden, aber er würde es nicht befehlen, er ist gut, der Alte.

»Wenn er aber doch käme und dir befehle, einen Menschen zu morden?«

Er täte es.

»Hättest du keine Furcht vor dem Vater?«

Warum sollte er Furcht haben?

»Vor seiner Strafe.«

Zum ersten Mal sah der Bursche den Hausherrn lächelnd an:

»Ihr macht Euch wohl über mich lustig, ein Vater straft nicht.«

Inzwischen rief man zum Nachmittagsgebet. Der

Hausherr eilte ins Bethaus, um dort zwischen dem Nachmittags- und Abendgebet zu erzählen, wie klug er den Burschen ausgefragt hatte.

Dies wäre natürlich für das Schtedtl ein Ereignis gewesen, hätte sich inzwischen nicht etwas anderes ereignet.

Die Gemeinde hatte eine Kapelle: Zwei Fiedeln, eine Flöte, eine Klarinette, einen *Bumzickzack* oder – wie man es anderswo nennt – einen *Klopfteller* und obendrein, wie es sich gehört, einen Baß. Eine arme Kapelle. Sie spielt bei jüdischen Festen, bei Hochzeiten, und sie machen ein paar Groschen an den *Purim-* und *Chanukah*festen. Wenn mal andere Kapellen beschäftigt sind, nimmt man sie auch zu Bällen bei kleineren Herrschaften. Besondere Wunder hat die Kapelle mit ihrem Spielen nicht vollbracht.

Es passierte mal im Winter, daß die Kapelle von solch einem Ball bei kleineren Herrschaften sich auf den Heimweg machte. Man hatte ein Gläschen geleert, ordentliches Essen gab man ihnen nicht, kaum in einen Brocken Brot gebissen. Die Gruppe geht verstreut, halb singend und brummend, halb schimpfend und scheltend, und der Baßspieler, der das schwere Instrument trägt, schleppt sich hinten nach. Mit Mühe zieht er seine Füße aus dem Schnee, denn er ist ein alter, schwacher Mann. Er ruft, er schreit, er fleht, man möge ihm nicht so schnell voranlaufen, doch man hört auf ihn wie auf den Schames. Die Gruppe geht verstreut weiter. Man zankt, man flucht; ausgerechnet mitten im Wege müssen sie streiten.

Zudem ist man auch nicht ganz nüchtern. Inzwischen ändert sich das Wetter, es fällt neuer Schnee, und die Leute beginnen zu laufen. Man ernüchtert sich ein wenig, und man rennt. Als man das Schtedtl erreicht hat, eilt jeder zu seiner Behausung und fällt wie ein Toter aufs Bett. Doch man schläft nicht lange: Der Baß ist nicht heimgekehrt, und sein Weib läuft zu den Musikanten, reißt sie aus den Betten und schreit:

»Wo ist mein Mann? Wo ist mein Mann?«

Als die halbbetrunkenen, halbverschlafenen Musikanten endlich begriffen haben, was man zu ihnen redet, erfaßt sie ein Schauder, und alle laufen, den Baßspieler zu suchen. Doch es gibt keinen Weg und keinen Steg – alles ist weiß bedeckt, wie mit Leichentüchern. Frisch gefallener, unschuldiger Schnee, und wer weiß, wo der Baß liegt?

Unverrichteter Dinge kommt man zurück. Noch eine leise Hoffnung, vielleicht war der Baß klug genug, in einem Dörfchen Zuflucht zu suchen.

Es vergeht ein Tag und noch ein Tag, der Frost hat nachgelassen, und der Schnee ist fast geschmolzen. Es ist Freitag, und die Leute gehen dem Sabbat zu Ehren ins Badehaus. Zwar fragt man noch nach dem Baß, doch keiner weiß etwas Neues darüber. Plötzlich kommt eine Bauernfuhre angefahren und hält mitten auf dem Markt. In der Fuhre – der erfrorene Baßspieler. Nun, man beerdigt den Leichnam in aller Eile, noch vor dem Segnen der Sabbatlichter; auch wollte man eine Autopsie vermeiden – und beinahe wäre man bei alldem in den Sabbat geraten. Am nächsten Morgen ließ die Witwe keine Ruhe: fünf kleine Würmer hat der Baß zurückgelassen. Am Sabbatende wird eine Versammlung einberufen, und die Musikanten werden herbeigeholt. Die Gemeinde hat keine Mittel und möchte, daß die Musikanten sich fürderhin ohne Baß begnügen und mit dem dabei ersparten Gelde die Witwe unterstützen. Die Musikanten protestieren: Das geht nicht – ohne Baß ist die Kapelle keine Kapelle. Auf einer jüdischen Hochzeit ginge es vielleicht noch ohne Baß, doch eine Herrschaft würde ohne Baß kein Bein zum Tanze heben. Dazu wendet der Rabbi ein, die Pflicht einer Seele Israels zu helfen, sei wichtiger als eine Kapelle mit einer tanzenden Herrschaft; darauf erwidern die Musikanten, daß der Rabbi, mit Vergebung, kein Fachmann in Musikangelegenheiten sei, worauf man sie als *Frechlinge* anschreit.

Inzwischen klopft der Hausherr, der den Burschen so gründlich ausgefragt hatte, auf den Tisch:

»Ruhe, meine Herrschaften!«

Er habe einen Ausweg. Er kenne einen Burschen, der sich so sehr einen Baß wünscht und der ihn natürlich auch schön spielen kann. Man sollte den Burschen mit der Witwe verheiraten, wird der Wolf satt und die Ziege ganz bleiben – und der Gemeinde wird es auch nicht einen einzigen Dreier kosten. Vielleicht meinte er es bloß im Scherz, aber die Gemeinde mit dem Rabbi auf der einen Seite und die Musikanten auf der anderen haben diese Idee wie Ertrinkende einen Balken aufgegriffen. Die Witwe hat eingewilligt, Abraham der Bursche ebenso, und noch im selben Monat wurde Hochzeit gemacht.

Auf diese Weise kriegte der Bursche Abraham mit einem Mal ein Weib mit fünf Kindern und einen Baß und Bogen.

Er lebt mit dem Weib in voller Eintracht. Er kommt nicht ins Haus, er nächtigt vor der Türe, ganze Tage wandert er herum, außer wenn mal ein Fest im Schtedtl ist oder ein Ball bei einer Herrschaft, dann spielt er. Wenn er Hunger hat, klopft er bei seinem Weib ans Fenster, sie reicht ihm ein Stück Brot hinaus, und er ist satt, bis er wieder hungrig wird. Wenn die Nachbarn bei seinem Weib anfragen, ob im Hause Friede sei, lacht sie: Es ist ihr noch nie so gut ergangen. Was braucht schon eine alte Jüdin? Er ißt nicht, er trinkt nicht, er richtet nie ein böses Wort an sie; sie erledigt alle Abrechnungen mit der Kapelle, und der Verdienstanteil wird ihr ausgehändigt... Was fehlt ihr bei ihm?

Es scheint, daß auch Abraham nicht arg dran ist. Anfangs hatte er Schwierigkeiten mit den Musikanten, da er nie mit der Melodie mithielt; der Baß spielt für sich allein. Die Kapelle hört zu spielen auf, doch Abraham spielt weiter, als würde er eine andere Kapelle begleiten, die irgendwo weit, weit spielt und die niemand außer ihm hört. Doch mit der Zeit hat man sich an ihn gewöhnt. Bei einem Herrschaftsball wußte man schon, was zu tun: Wenn die Melodie nahe dem Ende war, packte einer von ihnen den Baßbogen und hielt ihn fest. Auf jüdischen Hochzeiten ließ man ihn absichtlich weiterspielen, und die Leute platzten vor Gelächter. So amüsierte man die Leute, besonders beim großen Hochzeitsmahl.

Die Gemeinde war mit Abraham erst recht zufrieden. Still und züchtig sitzt er da, gewöhnlich mit dem Gesicht zur Wand und mit dem Rücken zu den Leuten gewendet, damit er keine Frau ansehen soll... Bei Hochzeiten nimmt er keinen Bissen in den Mund. Er trägt ein Stück Brot mit sich, man sieht nicht einmal, wann er es ißt, und das ganze Jahr kann man ihn mit einem Pappenstiel zufriedenstellen. Abraham hatte die Gewohnheit, dreimal am Tag *Sch'ma Israel* unter Baßklängen zu sagen: am Morgen bei Sonnenaufgang, am Abend bei Sonnenuntergang und um Mitternacht. Morgens und abends pflegte er es beim Teich auf der Wiese hinter dem Schtedtl zu tun. Um Mitternacht tat er es mitten auf dem Marktplatz, und die Töne seines Basses schwebten in der stillen Mitternachtsluft und drangen durch Türen und Tore und Fensterläden in die Häuser und in die Herzen. In diesen Tönen steckte so eine innige Frömmigkeit, daß diejenigen, die der Bethaushammer nicht aus ihrem Schlafe geweckt hatte, bei den Klängen des Basses erwachten: *Bu, bu, buh, buh* ... Und nicht willens rissen sich die Juden aus den Betten, und wie auf des Schöpfers Gebot kleideten sie sich an und eilten, um Gott um Mitternacht zu dienen.

Es kam vor, daß ein nobler Herr seine Dame mitten im Tanz stehenließ, sich an Abraham heranmachte und ihm eine Schläfenlocke vom Kopfe riß wegen falschen Einfallens in die Melodie. Doch auf den jüdischen Festlichkeiten lachten die Leute über Abraham, und das ganze Jahr seufzen sie verzeihend, wenn sie durch seine Baßklänge um Mitternacht geweckt wurden:

»Nebbich ein Narr, und doch steckt etwas in seinen Tönen.«

»Eine stumme Seele nebbich, aber er hat keine rechte Sprache für Gott!«

Eines Tages fand in Tomaschow eine große Hochzeit statt, wie es nur einmal in hundert Jahren vorkommt.

Eine Kleinigkeit? Der Lubliner Gemeindevorsteher und der Krakauer Rabbi beschlossen die Heirat ihrer Kinder, und Tomaschow liegt in der Mitte zwischen beiden Städten.

Der Lubliner Gemeindevorsteher will dem Krakauer Rabbi eine Hochzeitsfeier bieten, daß er's wissen soll, mit wem er's zu tun hat.

Er befahl, aus dem Keller ein Fäßchen Dukaten für die Kosten dieser Hochzeit hervorzuholen. Er schickte Aufwärter nach Tomaschow, dort königliche Vorbereitungen zu treffen, wie es sich für einen Lubliner Gemeindevorsteher ziemt, der für würdig genug befunden wurde, sich mit dem Krakauer Rabbi verschwägern zu dürfen.

Die Lubliner Aufwärter kamen nach Tomaschow, um vor allem einen passenden Raum für die Hochzeitsfeier ausfindig zu machen. Man erwartet Lubliner, Krakauer und auch einheimische, das heißt, Tomaschower Gäste. Es werden sich Reiche, Hausherren, Hochgeborene, Thorakundige und Richter einfinden.

Drei Kapellen werden dort aufspielen: Die Lubliner, die Krakauer – und die Tomaschower darf auch nicht fehlen.

Seit jeher befindet sich hinter der Stadt ein geräumiger Schuppen, in dem über Winter Handelsholz zum Trocknen aufbewahrt wird, welches jetzt bereits in der Weichsel schwimmt, um nach Danzig zu gelangen. Die Aufwärter haben diesen Schuppen, eine richtige Arche, auf Kosten des reichen Auftraggebers gemietet. Sie lassen den Schuppen innen mit allerlei Bildern bemalen und behängen ihn wie ein Tabernakel mit teueren, gesponnenen Vorhängen. Man macht gesonderte Abteilungen für Männer und für Weiber. Die Wände behängt man mit Wandleuchtern aus Papierlaternen. Man schafft Raum für vierhundert Personen und separate Eingänge für Frauen, für Aufwärter und einen separaten Eingang für die Musikanten. In der Mitte ist ein großes Portal, oben mit einer gemalten Thorakrone geschmückt, für den Krakauer Rabbi und andere hohe Gäste.

Es kam der Tag der Hochzeit. Dauernd gelangten Gäste an. Man bringt sie in den Häusern der Einwohner unter, und die Hausherren erachten es als eine Ehre, ihnen die schönste Stube abzutreten. Und als man sich zum großen Mahl zu den Tischen setzte, flackerten die Kerzen in den

Sabbatleuchtern, und an den Wänden brannten die Papierlaternen. Es funkeln die Ohrringe, die Stirntücher und die Brusttücher der Frauen. Der Schuppen ist voller Licht, das von der Thora der Krakauer und der Lubliner Thoragelehrten ausstrahlt, mit den Tomaschowern in ihrer Mitte und am Ehrenplatz – der Krakauer Rabbi.

Die Aufwärter bringen Fische in großen Tellern, und der Klang der silbernen Gabeln und Messer mengt sich mit den fröhlichen Stimmen der Weiber bei ihren Tischen. Über allem aber hört man eine Thoradiskussion am Tische des Krakauer Rabbi; doch mitten in der Diskussion fällt die Musik mit einem *Freylichs* ein. Drei Kapellen! Es dröhnt, es zittern vor Freude alle Flämmchen auf den Tischen und an den Wänden. Der Krakauer Rabbi lehnt sich zurück und scheint alles zu genießen. Ein feiner Musikkenner ist er ... Vom *Freylichs* wechselt die Kapelle zu einem *Wallach*, fast ohne merkbaren Übergang. Der *Wallach* fließt und schwimmt nur so dahin. Eine Krakauer Fiedel spielt, als würde sie sprechen. Sie öffnet die Herzen und ergießt sich in sie, während drei Kapellen sie leise und züchtig begleiten. Es scheint, als würde ein Strom fließen, als würde sich die Weichsel glitzernd ausbreiten und als würden ihre Wellen zu Ehren des Brautpaares, des Krakauer Rabbis und der hohen Gäste sich sanft wiegend rauschen. Über dem Wasser – Wunder über Wunder – fliegt ein Vogel und singt und singt so bezaubernd süß, schluchzend wie im stillen Gebet. Fröhliches und Ernstes wechseln ab – es ist zwar ein Fest, doch darf man die Pein der Verbannung nicht vergessen. Und wieder Freudenklänge, denn Hochzeit wird gefeiert und ein Treffen großer Gelehrter mit dem Krakauer Rabbi an der Spitze. (Ein Lubliner Kantor hat diese Weisen verfaßt.) Die Kapelle wird plötzlich mitgerissen, alle Instrumente spielen laut, laut hinauf, als würden sie freudig von Treppe zu Treppe hinaufklettern. Im Saale rauscht, tanzt und funkelt es jetzt.

Plötzlich reißt alles ab, als wären die Saiten aller Instrumente gesprungen. Stille, doch in der Stille hört man: *Bu, bu, buh* . . . Das ist Abraham, der weiterspielt. Alle Augen sind auf seinen Rücken gerichtet – es herrscht tiefe Ruhe. Niemand wagt es, auch nur mit der Wimper zu zucken. Abrahams Arme bewegen sich, führen den Bogen: *Bu, bu, buh, buh* . . .

Die Musikanten blicken um sich herum und warten, daß die Leute in ein Gelächter ausbrechen. Doch alle Blicke sind auf den Krakauer Rabbi gerichtet – man wird in seiner Gegenwart nicht lachen. Man runzelt die Stirn, man verbeißt die Lippen, aus den Augen glotzt Lachen, doch man schaut auf den Krakauer Rabbi, und man wartet. Der Krakauer Rabbi lehnt sich zurück, die Lider fallen über seine Augen – ist der Krakauer Rabbi etwa eingeschlafen?

Und der Baß spielt noch immer: *Bu, bu, buh, buh* . . . Den Leuten wird allmählich unheimlich.

Plötzlich wenden sich alle Blicke vom Krakauer Rabbi zum mittleren Portal. Jenseits der Tür hört man ein Geräusch, man hört Tritte, die Aufwärter eilen herbei, öffnen die Türe und erschrocken rufen sie:

»Nein, nein, für Euch wird ein Armenmahl bereitet.«

Man sieht, wie die armen Leute eintreten wollen. Der Krakauer Rabbi öffnet die Augen und will etwas sagen; wahrscheinlich, daß man die Leute einläßt, was denn sonst?

Doch in diesem Augenblick zeigt sich in der Tür ein alter Mann in einem zerrissenen Rock, mit zerzaustem, grauen Bart und Schläfenlocken, ein Bettler wie alle

Bettler, doch mit einem Blick in seinen Augen, aus dem eine königliche Würde strahlt. Seine Hände bewegen sich mit königlichen Gebärden. Die Aufwärter erschrecken, und mit unwillkürlicher Ehrfurcht kehren sie ihren Blick von ihm ab. Auf ein Zeichen seiner Hand machen sie ihm ihre Aufwartung. Der Alte in Bettlerkleidung, doch in majestätischer Haltung, tritt ein, und nach ihm folgt eine Gruppe Bettler. Der Alte hält in der Mitte des Schuppens inne, die Bettler hinter ihm. Alle blicken verblüfft auf die Gruppe und schweigen, auch der Krakauer Rabbi. Nur Abraham fährt in seinem Spielen fort. Sein gekrümmter Rücken zittert, die Hände führen den Bogen, und der Baß seufzt: *Bu, bu, buh, buh* . . . Nach einer Weile öffnet der alte König im Bettlergewand seinen Mund. Die Gäste beugen sich über die vorderen Tische, man eilt von den anderen Tischen herbei, doch geräuschlos, auf Zehenspitzen. Wie gebannt hängt man an seinem Munde.

Der Alte sagt nur ein Wort: »Mitternacht!«

»Krakauer Rabbi«, fährt er fort, »Abraham spielt zu Mitternacht. Ihr glaubt es vielleicht nicht, Krakauer Rabbi, doch Ihr werdet jetzt hören – und Ihr verdient es zu hören, wie Abraham zu Mitternacht spielt. Es war von Oben bestimmt, daß die Hochzeit Ihres Kindes und des Kindes des Lubliner Gemeindehaupts gerade in der Mitte des Weges, in Tomaschow, stattfinden soll. Euch zuliebe werden jetzt alle hier sein Spielen hören, doch nicht alle werden es wie Ihr hören, denn Ihr seid ein Musikkenner . . .«

Bu, bu, buh, buh – spielt Abraham, und man schweigt verblüfft, wie verzaubert.

Der Alte erhebt seine Rechte zur Decke, und die Decke spaltet sich in der Mitte. Und am funkelnden Sternenhimmel, der sich zeigt, schwimmt still der Mond vorbei.

Der alte Bettler gibt wieder ein Zeichen mit der Hand nach oben, worauf sich der Himmel spaltet – und in der Höhe schwebt eine wundersame Lichtmasse von einer eigenartigen, zitternden Helligkeit, in welcher man Gesang und Spielen hört. Engel singen, Engelkapellen spielen, das Himmlische Orchester spielt zur Mitternacht. Alle spielen sie die gleiche Melodie, die Abrahams Baß begleitet. Er folgt diesem Gesang des Lichtes nach. Die Klänge schweben in den Lüften, wiegen sich und zittern.

Alle bleiben erstarrt und stumm auf ihren Plätzen. Auf einen weiteren Wink des Alten nach oben schließt sich der Himmel. Die Musik verstummt, und Sternchen schweben zitternd und funkelnd in einer stillen, traurigen Freude.

Wieder winkt der Alte nach oben, und beide Deckenhälften des Schuppens schließen sich. Die Menge sitzt wie versteinert, man atmet kaum, und man hört Abrahams Baß: *Bu, bu, buh, buh* . . .

Plötzlich fallen Bogen und Baß aus Abrahams Händen. Er wendet sich zur Menge und singt *Sch'ma Israel* mit der gleichen Melodie, mit der er zum Himmel gespielt hat. Dann fällt er in tiefe Ohnmacht.

Der Alte fing ihn auf.

»Tragt ihn ins Krankenhaus«, befahl er den Aufwärtern.

»Krakauer Rabbi«, sagt der Alte, nachdem man Abraham hinausgetragen hatte. »Nicht zu einer Hochzeit seid Ihr heute gekommen, sondern zu einer Leichenfeier. Abraham wurde zur Himmlischen Kapelle gerufen. Es hat dort ein Baß gefehlt.«

Und der Alte ist mit allen Bettlern verschwunden. So war es.

Abraham der Baßspieler ist am nächsten Tag im Bethaus gestorben. Der Krakauer Rabbi und alle Gäste waren bei seiner Beerdigung zugegen. Der Alte aber, sagt man, war Rabbi Lejb Sarahs, einer der verborgenen sechsunddreißig Gerechten.

So sagt man.

Berel der Schneider

Es ist Vorabend des Versöhnungstages im Berditschewer Bethaus. Die Nacht ist angebrochen.

Die Alten haben das Gebet *Durch Gottes Macht und Kraft seiner Geschöpfe* gerade zu Ende gesagt und sich auf ihre Plätze begeben. Rabbi Levi Jizchak steht am Vorbeterpult. Er soll jetzt das *Kol Nidrej*-Gebet sagen, doch er schweigt.

Alle Augen hängen an seinem Rücken. In der Frauenabteilung herrscht Stille wie am Meere vor dem Sturm. Er wird beginnen – und vielleicht, wie es manchmal seine Art ist, wird er einleitend ein Gespräch mit dem Herrn der Welt führen, wie von Mensch zu Mensch, in *Mameloschen*, das heißt in der Sprache seiner Mutter.

Doch Rabbi Levi Jizchak steht am Vorbeterpult eingehüllt in Kittel und Gebetsmantel – und schweigt.

Was soll das bedeuten?

Sind die *Tore des Gebets* zu so später Stunde noch geschlossen? Hat Rabbi Levi Jizchak nicht die Kraft, an das Tor zu pochen?

Er steht mit leicht gesenktem Kopf und lauscht, das Ohr nach oben gerichtet, als höre er etwas von dort. Hofft er, das Öffnen der Tore zu vernehmen?

Plötzlich wendet sich Rabbi Levi Jizchak zur Gemeinde und ruft: »Schames!«

Der Bethausdiener eilt herbei, und der Rabbi fragt ihn:

»Ist Berel der Schneider schon hier?«

Die Leute sind erschrocken und verwundert, und der Schames stammelt, er wisse es nicht. Er schaut suchend herum, auch Rabbi Levi Jizchak sucht mit seinem Blick.

»Nein, er ist nicht da. Er ist zu Hause geblieben.«

Und wieder wendet er sich zum Schames:

»Geh zu Berels Haus und rufe ihn her!«

Der Schames geht.

Berel der Schneider wohnt im Gäßchen unweit des Bethauses. Es dauert nicht lange, und Berel erscheint, ohne Kittel, ohne Gebetsmantel, in seinem Wochentagskaftan und mit einem Gesichtsausdruck, halb böse, halb erschrocken. So tritt er an Rabbi Levi Jizchak heran.

»Ihr rieft nach mir, Rabbi Levi Jizchak, und ich bin zu Euch gekommen. Zu Euch«, betont Berel.

Rabbi Levi Jizchak lächelt.

»Sag mal, Berel«, sagt er, »warum bist du dort oben so sehr im Gerede? Du hast dort viel Lärm verursacht. Man hört dort nichts als Berel der Schneider und wieder Berel der Schneider.«

»Aha«, sagt Berel mit sichtlicher Genugtuung.

»Hast du jemandem etwas vorzuwerfen?«

»Gewiß«, sagt Berel.

»Wem?«

»Dem Allmächtigen«, antwortet er.

Die Umstehenden würden den Schneider am liebsten in Stücke reißen, doch der Rabbi lächelt noch breiter.

»Vielleicht erzählst du uns, Berel, um was es eigentlich hier geht?«

»Meinetwegen gern«, sagt Berel der Schneider. »Ich bin sogar bereit, mich vor ein Thoragericht zu stellen. Soll ich reden?«

»Sprich!«

Und Berel der Schneider erzählt:

»Den ganzen Sommer lang – nicht Euch gewünscht, Rabbi – keinen Nadelstich Arbeit bekommen, weder von einem Juden noch, mit Verlaub, von einem Bauern. Es war einfach zum Sich-Ausstrecken ...«

»Ei«, will Rabbi Levi Jizchak nicht recht glauben. »Die Saat Abrahams, Isaaks und Jakobs ist barmherzig. Du solltest dich ihnen anvertrauen.«

»Das wieder nicht, Rabbi, ich sage nichts, und ich nehme von niemand was an!«

Er will keine Gaben von Menschen, er habe vor Gott die gleichen Rechte wie andere auch. In seiner Not hat er seine einzige Tochter zum Dienen in einen größeren Ort geschickt. Er aber saß im Hause und wartete auf Gottes nächste Handlung.

Es war vor dem Laubhüttenfest, als sich die Türe endlich öffnete. »Aha! Ich hab's ausgeharrt. In der Türe erscheint ein Bote des Gutsherrn. Man holt mich zu ihm. Ein feiner Pelz soll gefüttert werden.«

Gut. Der Herrgott versorgt ja doch seine Kinder.

Berel kommt in den Palast des Gutsherrn. Man führt ihn in einen besonderen Raum und gibt ihm das Oberteil, die Felle und das Futter.

»Ihr hättet diese Felle sehen sollen, Rabbi, edelste Fuchsfelle! Aus dem Fuchsenland!«

Es ist jedoch *Kol Nidrej-Zeit*, und Rabbi Levi Jizchak will das Gespräch beschleunigen.

»Also hast du den Pelz gefüttert, hast deine Arbeit zur Gänze ausgeführt – was geschah dann?«

»Eine Kleinigkeit ist geschehen: Es sind drei Felle übriggeblieben.«

»Hast du sie genommen?«

»Nicht so einfach, Rabbi, wie es sich sagt. Beim Verlassen des Palastes muß man am Wächterhaus vorbeigehen. Der Wächter schöpft Verdacht und durchsucht mich. Er zieht meine Stiefel aus, doch findet man, Gott behüte, keine Felle in ihnen. Ich wußte doch, daß der Gutsherr Hunde und Reiter hat.«

»Nu, was hast du gemacht?«

»Ist doch Berel – Berel der Schneider! Ich gehe in die Küche und bitte, daß man mir einen Laib Brot auf den Weg mitgibt.«

»Brot von Heiden, Berel!«

»Gott behüte, nicht zum Essen, Rabbi! Man gibt mir einen großen Laib. Ich ging damit in ein Zimmer; dort habe ich das Brot aufgeschnitten und ausgehöhlt. Das Weiche habe ich so lange geknetet, bis es sich mit dem Schweiß meiner Hände vermengt hat, worauf ich es dem Hunde zuwarf, der im Zimmer lag: ein Hund liebt Menschenschweiß. Die drei Felle verstaute ich im ausgehöhlten Brot und machte mich auf den Weg.

Beim Wächterhaus:

›Was trägst du da, Jüdlein, unter dem Arm?‹

Ich zeige ihm ein Brot. Er ließ mich gehen, und sobald ich etwas weiter war, setzte ich beschleunigten Schrittes meinen Weg fort. Dabei nahm ich nicht den gewohnten Weg, sondern ich lief über Sträuche feldein und feldaus. Ein kurzer Weg – ein Feldweg. So wanderte ich heiter und tänzelnd daher. Es wird also doch einen Palmenzweig und einen Paradiesapfel zum Laubhüttenfest geben. Nichts von der Gemeinde genommen, nichts geborgt. Ihr meine teuren Fellchen! Doch ich spüre plötzlich, wie die Erde unter mir zu beben beginnt. Dieses Beben erkenne ich: ein Reiter jagt hinter mir her. Man verfolgt mich! Meine Muttermilch gerinnt in mir. Wahrscheinlich hat man dort die Felle nachgezählt. Es wäre töricht, vor einem Reiter und einem Pferde des Gutsherrn zu flüchten. Vor allem werfe ich das Brot in die Büsche und mache mir in aller Eile doch noch ein Zeichen, ein unfehlbares Zeichen. Dann bleibe ich stehen, denn schon höre ich rufen:

›Berke! Hej, Berke!‹

Es ist der Kosak des Gutsherrn, seine Stimme ist mir wohlbekannt. In mir, Rabbi, zittert alles. Mein Herz sitzt in der Ferse. Doch Berel der Schneider geht ihm nach außen ganz ruhig entgegen. Es stellte sich heraus, daß mein Schrecken umsonst war. Man hat den Reiter mir nachgeschickt, weil ich vergessen hatte, den Hänger anzunähen. Schon zieht er mich aufs Pferd hinauf, macht kehrt, und man reitet zurück.

Mit einem Dankgebet im Herzen nähe ich den Hänger an und mache mich wieder auf den Weg.

Ich suche nach dem Zeichen in den Büschen. Keine Spur. Das Brot – weg! Die Erntezeit ist längst vorüber – keine Menschenseele kommt hier vorbei, kein Vogel in der Welt könnte so ein Ding heben. Jetzt ging es mir auf, wer dahintersteckt.«

Rabbi Levi Jizchak fragt:

»Wer?«

»*Er*«, erwidert Berel der Schneider und weist mit dem Finger nach oben. »Der Allmächtige. Es war *Seiner* Hände Arbeit, Rabbi! Und ich weiß auch warum ... *Er*, der Herr, der Große, möchte nicht, daß ich, sein Knecht, sein Berel Schneider, sich Reste aneignet.«

»Nu gewiß«, sagt Rabbi Levi Jizchak. »Nach Gesetz ...«

»*Gesetz, Geschmetz*«, sagt Berel. »Der Allmächtige weiß, daß ein Brauch sich über ein Gesetz hinwegsetzt. Ich habe das Sichaneignen von Resten nicht erfunden. Es ist ein alter Brauch, noch von unseren Urahnen. Und wieder«, sagt er, »im Gegenteil: Wenn der Allmächtige schon so ein großer und stolzer Herr ist und nicht will, daß der Ärmste seiner Arbeiter, sein Knecht Berel der Schneider, sich armselige Reste aneignet, sollte *Er* ihm wenigstens einen Lebensunterhalt geben, ein Auskommen. Soll *Er* ihm, wie es einem Herrn ziemt, *Ordinarien*, das Selbstverständliche zum Leben geben. Doch er will weder das eine noch das andere. Deswegen will ich dem Allmächtigen nicht mehr dienen. Sich selbst geschworen: Aus!«

Unter den Umstehenden entsteht ein Brummen. Hände erheben sich, man will zu ihm hineilen, doch Rabbi Levi Jizchak befiehlt:

»Ruhe!«

Die Betenden bleiben still, und Rabbi Levi Jizchak fragt noch milder im Ton:

»Und was geschah dann?«

»Nichts geschah! Ich komme nach Hause, ich wasche mich nicht vor dem Essen. Mein Weib will den Mund öffnen – ich versetze ihr eine. Ich gehe ohne Abendgebet zu Bett. Die Lippen wollen, doch ich verbeiße sie mit den Zähnen. Am Morgen kein Segensspruch, kein rituelles Händewaschen, kein Beten, kein Gebetsmantel, keine Gebetsriemen.

›Essen her!‹ schreie ich mein Weib an. Doch sie macht sich aus dem Staube, läuft ins Dorf. Zu ihrem Vater, dem Pächter, ist sie geflüchtet. Ohne Weib geblieben! Mir, Berel dem Schneider, kann es recht sein. Sie ist eine schwache Jüdin und soll in diese Sache nicht verwickelt werden. Doch ich verharre bei meinem *keine Laubhütte, kein Palmenzweig, kein Paradiesapfel.* An Feiertagen sage ich keinen *Kiddusch* – nein und nein! Am Thorafest ziehe ich wie Mordechaj nach der Judenverordnung einen Sack über meinen Kopf – zum Trotz!

In den Bußetagen wird mir allerdings etwas trübe zumute. Der Schames klopft an die Tür, das Herz klopft in der Brust – es zieht mich, doch ich bin Berel der Schneider! Aber ich halte mein Wort! Ich ziehe die Decke über den Kopf und halte durch. Nur nichts sehen. Es kommt das Neujahrsfest – ich rühre mich nicht aus dem Hause. Es kommt die Zeit des Schoferblasens – ich verstopfe meine Ohren mit Watte. Es zerrt, das Herz zerrt – ein armes Geschöpf, Rabbi. Es ekelt mich vor mir selbst: Ich gehe ungewaschen und unrein herum. Ich kehre den Spiegel zur Wand – ich will mein Gesicht nicht sehen. Ich höre die Leute zu *Taschlich* gehen, sich ihrer Sünden im Fluß zu entledigen.«

Er bleibt eine Weile still, doch bald springt er auf:

»Aber im Rechte, Rabbi, bin *ich!* Ich werde keinen Schritt weichen!«

Rabbi Levi Jizchak denkt eine Weile nach und fragt:

»Was willst du denn eigentlich, Berel Schneider? Willst du Lebensunterhalt?«

Berel ist beleidigt:

»Was mir *Lebensunterhalt!* Das sollte der Herr mir schon längst geboten haben. Lebensunterhalt gebührt allen, dem Vogel in den Lüften und dem Würmchen auf der Erde. Lebensunterhalt, *Ordinarie*, ist selbstverständlich. Jetzt aber fordert Berel Schneider mehr, viel mehr.«

»Sprich, Berel, was *mehr?*«

Berel richtet sich auf:

»Ist es wahr, Rabbi, daß am Versöhnungstag diejenigen Sünden vergeben werden, die der Mensch gegen Gott begangen hat?«

»Wahr!«

»Und die Sünden, die der Mensch gegen seine Mitmenschen begeht?«

»Nein!«

Berel Schneider streckt seinen mageren Körper wie eine Saite auf und sagt mit lauter und fester Stimme:

»Ich, Berel Schneider, werde mich nicht unterwerfen und werde Gott nicht wieder dienen, solange *Er* noch in diesem Jahre mir diese Sünden aus Liebe zu mir nicht vergibt! Gerecht, Rabbi?«

»Gerecht«, antwortet Rabbi Levi Jizchak. »Und du, Berel, sollst auf deinem Rechte bestehen, dann wird man dir nachgeben müssen!«

Der Rabbi kehrt zum Vorbeterpult zurück. Er schaut empor, lauscht eine Weile und – vernimmt die Botschaft.

»Du hast es erwirkt, Berel. Geh um deinen Kittel und Gebetsmantel.«

DIE GOLDENE KETTE

Chassidisches Familiendrama in drei Akten

Aus dem Jiddischen in freier Nachdichtung
übertragen von Freed Weininger

Dramatis Personae:

RABBI SCHLOJME
PINCHAS sein Sohn
DWOJRE Pinchas Frau
MOJSCHE Sohn von Dwojre und Rabbi Pinchas
MIRIAM seine Frau
JONATHAN und LEAH ihre Kinder
JISROEL erster Gabbe (mz. Gabbojim), Synagogenvorsteher
ZWEITER und DRITTER GABBE
CHASSIDIM alte, junge, einheimische und auswärtige
AVRUHOM, LEMACH, BEJNISCH – die drei ältesten Chassidim
ARME LEUTE, REICHE CHASSIDIM, MENGE
DOKTOR BERGMANN Leahs Geliebter, später ihr Mann

I. Akt

Rabbi Schlojmes gute Stube. Aristokratisch altmodisch möbliert. Die Decke mit feinem Schnitzwerk verziert. Kronleuchter aus Kristall. Es klirren die Kristallchen, wenn man in der Stube herumgeht.

Ein antiker Mosaiktisch. Sofa mit rotem Samt überzogen. Armstuhl. Bänke ohne Lehnen an den Wänden. Glasschränke mit talmudischen Büchern. Silberne und goldene Gefäße und Ziersachen in diesem Schrank. Chanukalampe, Leuchter, Gewürzbüchsen. Ein großer antiker Becher fällt auf. Türen führen nach links und rechts; eine davon führt ins Bethaus. Eine zweite Tür führt ins Frauenbethaus, eine Abteilung des allgemeinen Bethauses. Großes venezianisches Fenster in der Mitte der Hinterwand. Silberne Lampenarme an den Wänden. Sabbatabend. Draußen wird es immer trüber und dunkler. Zum Ende des Aktes entwickelt sich ein Schneesturm. Im Zimmer herrscht Unordnung. Im Hause muß ein Unglück geschehen sein.

Wenn man die Türe ins Bethaus öffnet, dringen von dort wehmütige, schmerzerfüllte Töne und Ausrufe ins Zimmer.

Einige alte, junge, reiche und arme Chassidim kommen herein.

REICHER CHASSID

Der Sabbat ist für uns verloren.
Aus meinen Angelegenheiten nichts geworden.
Und er hat mir den Friedensgruß nicht geboten.

JUNGER CHASSID

Der Himmel beschütze Euch!

EINHEIMISCHER CHASSID

Gott beschütze uns vor dem Feuer,
das dort *(zur Türe weisend)* verborgen loht.
Unsere Sorgen aber
verwandeln sich dort in Trost,
und das soll uns genügen.

ARMER CHASSID

Er macht ja alles für unser Wohl, aber
in tiefer Abgeschiedenheit.
Allein stürmt er die höchsten Welten,
weit von uns, ganz weit ...

EIN CHASSID *(schlau lächelnd)*

Kam heute nicht der junge Medikus zu Euch?
Wißt Ihr etwas von ihm?

ALTER CHASSID

Sein Name soll verdammt,
gestrichen werden.

ARMER CHASSID

Der Doktor ist ein schwarzer Magier, ach und weh,
und wenn er will, kann er im Hause
Wind und Regen machen.
Auch Schnee, wenn er nur will.

EINHEIMISCHER CHASSID

Man sagt, er lebe abgesondert.
Uns aber droht Unheil! Ach, das Unglück naht:
Von irgendwo, erzählt man uns, hat man schon Wagen
mit Schlachtmessern gesandt,
unsere Gemeinden abzuschlachten . . .
Der Doktor aber arbeitet inzwischen,
als wäre nichts geschehen,
und spricht zu unseren jungen Menschen
über Natur, Natur, Natur.

REICHER CHASSID

Kommt dieser Doktor auch zu unserem Rabbi her?

EINHEIMISCHER CHASSID

Dieses Geschöpf der finsteren Nacht
fürchtet unser Rabbi nicht.

ARMER CHASSID *(exaltiert)*

Unseren Rabbi zu bezwingen hat niemand
eine Macht, auch jener nicht.

*(Die Chassidim gehen erregt in der Stube
auf und ab.)*

REICHER CHASSID *(berührt prüfend die Gardinen)*

Teure Gardinen, fein gesponnen aus reiner Seide.

EINHEIMISCHER CHASSID
Vom Gutsherrn erstand er sie
mit dem Haus zusammen.

JUNGER CHASSID
Schaut auf der Decke das Schnitzwerk,
die edlen Möbel,
Zierrat auf den Schränken, Kristalle über uns...

EIN CHASSID
Seht nur, seht:
Im Winkel die Hänger seht Euch an,
das sind doch Hörner, seht nur, Hörner!

EINHEIMISCHER CHASSID
Wenn unser Rabbi in dunklen Nächten
Krieg führt mit Dämonen,
stößt sich der Teufel an den Hörnern an.

ARMER CHASSID
Allein, allein ist unser Rabbi
und opfert sich für uns alle auf.

EIN CHASSID
Und krank und alt ist er.
Ach, daß er uns nur nicht... Ach!

REICHER CHASSID *(zögernd)*
Man sagt, er habe den Verstand verloren?

ALTER CHASSID *(erschrocken)*
Ach, wer kann's wissen, welche bösen Zauber
in diesen geheimen Dingen stecken?

JUNGER CHASSID

Einem so großen Rabbi, der auch an Jahren alt ist,
wer kann ihm was anhaben?

REICHER CHASSID

Kommt, lasset uns zum Gasthof gehen.

(Sie schicken sich an, durch die Bethaustür hinauszugehen.)

EINHEIMISCHER CHASSID

Wie sie sich drängen! Eine wilde Horde!
Kein böses Auge treffe sie . . .

ARMER CHASSID

Ich führe euch zum Hof.

(Führt sie hinaus. Von links kommen drei Greise herein: Avruhom, Lemach und Bejnisch.)

AVRUHOM *(feierlich)*

Sabbat! Sabbat!
Wie dem auch sei, jetzt ist noch Sabbat!
Die Nacht bringt Dunkelheit mit sich,
doch hat er die Hawdole
noch immer nicht gemacht?
(verzweifelt)
Was sagt Ihr dazu?
Hawdole, Hawdole nicht gemacht!
Längst schon war's Zeit zu der Hawdole.

LEMACH *(geht aufgeregt auf und ab)*

Das wird eine schwere Woche werden.

BEJNISCH
Behüte uns Gott, behüte uns Gott . . .

LEMACH *(händeringend)*
Daß ich herkommen muß, hat mir mein Herz gesagt.
Ich hab gestrebt, mit Euch heut hier zu sein.

BEJNISCH
Mich zog es her wie mit Magnet.
Doch was hab ich erlebt?
Hawdole nicht gemacht!

LEMACH
Auch ich wollt hier nicht fehlen.
Doch plötzlich fällt es meinem Eidam ein,
von meinem armen Kinde sich zu scheiden,
sie zu verlassen . . .

BEJNISCH
Und ich konnt über den Fluß nicht kommen!
Kein Prahm, kein Boot war weit und breit zu finden,
Treibeis folgt Treibeis in schweren Blöcken
und schwemmt das Flußbett über.

(Alle drei Greise schreiten im Zimmer auf und ab.)

LEMACH *(bleibt stehen)*
Was ist hier geschehen?

BEJNISCH
Ja, was? Ich möchte es verstehen!

LEMACH (*zu Avruhom*)
Sprich doch! Ein Wort! Ein Wort!

BEJNISCH
Mit deinem Schweigen ziehst du die Seele uns heraus.

AVRUHOM
Ach, gar nichts . . . Einfach gar nichts . . .
Er hat Erscheinungen gesehen,
von Traumbildern gesprochen,
welche kommen und vergehen.

LEMACH
Wie deutet man es in der Schule?

AVRUHOM (*zärtlich*)
Nur Mirjaml . . .

LEMACH und BEJNISCH (*liebevoll*)
Mirjaml! Unsere Mirjaml!

LEMACH
Sie versteht den Rabbi immer. Sie weiß . . .

BEJNISCH
Mirjaml weiß . . .

AVRUHOM
Mein Herz sagt mir, nur sie allein fühlt sein Gemüt.

(Andere Chassidim kommen still herein, bleiben in Ehrfurcht stehen und setzen sich zögernd auf den Rand der Stühle.)

EIN CHASSID

Die Händler fürchten sich; sie sind zur Rückkehr
schon bereit und wollen fort.

ZWEITER CHASSID

Im Frauenteil der Schule
ist eine Frau in Ohnmacht jetzt gefallen.

DRITTER CHASSID

Man konnt sie nicht erwecken.
Im dunklen Bethaus stehen sie verloren,
man flüstert sich erschrocken zu.

ALTER CHASSID

Es rauscht dort, wie wenn Ströme fielen.

ERSTER CHASSID

Es raschelt wie im Walde unter ihnen:
»Warum betet er nicht die Hawdole,
des Sabbats heiliges Schlußgebet?«

AVRUHOM

Immer wieder schläft er
in einer tiefen Ohnmacht ein.
Dann öffnet er die Augen wieder, groß und weit,
in einem schrecklichen Entsetzen.
»Eine rote Welt«, spricht er,
»blutrote Welt, sie lauert auf uns.«
Er zittert.
Doch Mirjaml steht ihm bei.

CHASSIDIM und GREISE

Mirjaml! Mirjaml!
Wurde ihr Namen jetzt erwähnt?

AVRUHOM

Sie sprach zu uns:
»Blut wird fließen ... jüdisches Blut ...
In Strömen wird es sich ergießen.«

EIN CHASSID

In Gruppen stehen sie am Markt:
man flüstert ängstlich, flüstert leise,
und rings um uns ist Nacht.
Kein Laden wird geöffnet,
kein Licht wird angezündet,
in Finsternis und Schrecken
steht man am Markt und weiß nicht weiter.
Wann betet er Hawdole? Wann?

AVRUHOM

Sein weißes Haupt, sein weißer Bart
erzittern stumm mit ihm.
Er sagt: »Es schwirren Flämmchen
um mein Ohr herum.«

STIMMEN *(im Zimmer)*

Und was sagt Mirjaml? Mirjaml, was sagt sie?

AVRUHOM

»Im Rauche werden Städte und Städtchen
flammend untergehen ...«, das sagte sie.

ARMER CHASSID *(von außen kommend)*
Dort hört man das Geschrei einer Wöchnerin,
markerschütternd hört man sie schreien,
in Kindswehen den dritten Tag schon.
Ein junges Kind im Städtchen –
an Diphtherie erkrankt.
Barmherziger Gott, erlöse sie doch beide!
(geht ins Bethaus hinein)

STIMMEN *(im Zimmer)*
Was soll jetzt werden?
Was wird das Ende sein?

AVRUHOM
Ich habe einen Wald gesehen,
wo Baum eng am Baume stand.
Endloser Wald,
die Baumkronen waren miteinander
verflochten, und ihre Zweige eng verstrickt
wie das Geweih von Rehen.
Die nackten Wurzeln himmelauf gestreckt,
war ihnen wohl eng dort in der Erde.
Es kommt mal auch dem Baume seine Zeit,
den Tod sich recht verdient.
Dem Erdenschoß entrissen wird der Baum,
doch fallen kann er nicht,
zum Fall fehlt ihm an Raum,
es bleibt der tote Stamm,
und stumm hängen die Zweige im engen Raum hinab.

LEMACH
Ohren und Nägel abgeschnitten,
Bärte mit Gewalt geschoren . . .

BEJNISCH
Was steht uns noch bevor?

EINHEIMISCHER CHASSID *(tritt ein)*
Der Hof ist voller Menschen, man drängt sich.
Ein Gewimmel, ein Gemurmel,
Schrecken ... Sie sind wie toll vor Schrecken.

AVRUHOM *(wie in Trance)*
Wie wilde Tiere
mit brennend heißen Hungeraugen
huschen furchtbare Geheimnisse
um die Stämme der Bäume herum ...
(Pause)
Und Mirjaml sagt dazu:
»Verhängnisse, böse Urteile,
Krankheiten und Seuchen stehen uns bevor.«

STIMMEN *(im Zimmer)*
Was unsere Juden reden!
Was durch ihr Maul zu uns dringt!
Seid still!
Noch weiß der Satan nichts davon!
Seid still.

LEMACH
Krankheiten und Seuchen ...

BEJNISCH
Und böse Urteile ...

EIN CHASSID
Die Landsherren werden es im Parlament besprechen.

EIN GREIS
Denkt man denn dabei an uns?
Lieber Herrgott, Seuchen und Unglück...

ARMER CHASSID
Der Rabbi schickt alle, die erkrankt sind, zum Doktor!

ZWEITER GREIS
Er schickt sie gleich zum jungen Doktor.

EIN CHASSID
Und der Doktor?

ALTER CHASSID
Über den Doktor wissen wir ja alles,
doch lasse es nicht aus deinem Munde kommen.

EIN CHASSID
Er verführt sie alle! Der schwarze Magier...

EIN GREIS
Möge sein Name gestrichen werden...

AVRUHOM *(wie in Trance)*
In der Höhe, zwischen den Zweigen,
die ineinander verflochten sind,
dort, wo Tod und Leben zusammen wohnen,
horsten schwarze Vögel, große Vögel.
Sie springen spottend, triumphierend
von Zweig zu Zweig, von Baum zu Baum
und lachen, spotten böse in ihrem Flug von uns.

EIN CHASSID

Habt Ihr gehört? Gegründet hat der Doktor
den Verein der Roten.
Dort lehrt er seine Jünger spotten über uns.

EINHEIMISCHER CHASSID

Er sagt ihnen:
»Gebete helfen nicht, und Wunder gibt es nicht.
Natur gegen Natur, nichts anderes gilt.«
Und unser Rabbi schweigt.
Ach, rette uns, rette uns!

ZWEITER CHASSID *(läuft aus dem Bethaus herein, zornig erregt)*

Pinchas steht vor dem Heiligen Schrein,
er hat seinen Kopf und Bart
im Vorhang vergraben ...

DRITTER CHASSID *(kommt herein)*

Jisroel, der Gabbe, ist an seiner Seite
und flüstert dauernd ihm ins Ohr.
Oh, er stachelt ihn zu etwas Bösem an.
Pinchas raunt ihm Antwort für die Leute zu,
hat Jisroel es gleich erfaßt und rennt zur Menge hin,
schnappt da und dort ein Wort
und läuft zu Pinchas wieder,
erzählt und zieht es in die Länge.

AVRUHOM

Ja, ja, sie lachen.
Doch Mirjaml sagt:
»Zu Schand und Spott wird man uns bringen.«
Und sie erklärt uns gleich ...

MOJSCHE *(tritt ein. Er sieht erschrocken und kränklich aus, hält ein Gebetbuch in der Hand)*
So sagt Reb Bove . . .

EIN CHASSID *(zornig zum Bethaus weisend)*
Was ist dort los? Sag uns, Mojsche!
Was verbirgt uns dein Vater Pinchas?
Und hält er mit Jisroel, dem Gabben, Rat?
Rede doch! Ein Wort sag uns zum Trost!
Was geht dort vor?

MOJSCHE *(zieht sich zum Fenster zurück)*
Wie soll ich's wissen?
Glaubet mir, ich weiß es wirklich nicht.

AVRUHOM
Sind wirklich wir zu Schand und Spott verurteilt?

MOJSCHE *(beim Fenster, leise, wehmütig)*
Ach, laßt mich sein. Juden, laßt mich sein.
Zu wenig Trübsinn Euch?
Man versinkt in Düsterkeit und Trauer,
man ertrinkt in Tränen . . . Zu wenig Euch?

EIN GREIS
Wie blinde Schafe irren wir herum!

ZWEITER GREIS
Und unser Hirte zeigt uns nicht den Weg.

EIN CHASSID *(tritt ein und läßt die Türe weit offen)*
Hinter dem Heiligen Schrein sitzt
Rabbi Schlojme und schweigt.

Sein weißer Bart zittert.
Es zittert sein Haupt. Es zittert die Welt ringsum.

(Aus dem Bethaus hört man lautes Weinen.)

EIN GREIS

Ein Jude aus dem Dorfe weint.
Er schreit und will zum Rabbi hin.

ZWEITER GREIS

Man läßt ihn an den Rabbi nicht heran!

DRITTER GREIS

Der Jude klagt den Nachbar an:
Er hat die Mühle ihm überboten.
Er klagt und schreit:
»Mit Weib und Kind im Schnee
und ohne Obdach bin ich ...«

(Man hört Weinen auch aus dem Frauenteil der Schule.)

STIMMEN *(im Zimmer, erschrocken)*

Seht nur, wie sich die Frauen schluchzend drängen!
Sie beten für das kranke Kind
und für die Wöchnerin.
Sie drängen sich zur Schule.

AVRUHOM *(richtet sich mit ausgestreckter Hand auf)*

Die Hawdole hat er nicht gesprochen.
Wie lange noch? Wie wagt er es?
Entehrt den heiligen Sabbat!

(Im Frauenteil der Schule wird es allmählich stiller. Avruhom bleibt bis zum Ende des Aktes wie erstarrt stehen.)

MIRJAML *(erscheint in Hellblau gekleidet und geht wie im Schlafe wandelnd zum Fenster. Sie spricht mit einer schwachen, bangen Stimme.)*
Warum wird die Hawdole nicht gebetet?

(Alle schweigen. Die Greise lassen die Köpfe fallen. Einige Chassidim wollen das Zimmer verlassen, weil eine Frau, Mirjaml, eingetreten ist. Einer greift zur Türklinke, bleibt aber stehen.)

MOJSCHE *(sanft)*
Was machen die Kinderchen, Mirjaml?

MIRJAML *(setzt sich ans Fenster)*
Sie schlafen. Kinder ahnen nichts Böses.
Kinder sind ferne jedem Wissen.
Sie spielten ihre Spiele
und schliefen dann beim Spielen ein.
Die Händchen ineinander verflochten,
lächeln sie im Schlummer in milder Unschuld.
Unter ihre Köpfchen legte ich Kissen.
Im Traume sind sie fern von Kummer.
(Pause. Schaut durch das Fenster.)
Der Schnee fällt und häuft sich,
die Bäume wiegen sich,
und die verschneiten Zweiglein zittern.
Sie biegen ängstlich sich unter dem düsteren Himmel.
Vom Westen zieht eine Wolke her,
sie schwebt wohl unserem Haus entgegen.

Die Kinder aber wissen's nicht.
(lauter)
Warum macht man keine Hawdole?

(Erneute starke Geräusche aus dem Bethaus.)

MOJSCHE
Grauen ergreift mich.
Ach, wie die Menge murmelt und sich drängt ...

MIRJAML
Ach, die vergrämten, hageren Gesichter!
Die Augen – wie verloschene Lichter ...

STIMMEN *(im Zimmer)*
Der Rabbi geht!
Der Rabbi soll leben!
Der Rabbi geht!

RABBI SCHLOJME *(Ein hoher, grauer, blasser Jude; ein schwarzes, spitzes Käppchen (Jarmulke) auf dem Kopfe. Der Rabbi hat einen weißen Sabbatkittel an. Eine ungewöhnlich hohe Stirn und große Augen. Ein naives, fast kindliches, kummervoll gerunzeltes Gesicht. Jisroel, der Gabbe, öffnet ihm die Türe. Rabbi Schlojme tritt ein, während Jisroel, Pinchas und alle anderen an der Türe um ihn herum stehenbleiben.)*
Vergeblich Eure Reden. Eure Gebete, auch vergeblich.
(entschlossen)
Ich mache keine Hawdole!

JISROEL *(flehend)*
Rabbi, die Gemeinde fordert es, verlangt es ...

STIMMEN *(lauter werdend)*
Das Volk bittet!
Menschen fallen aufs Gesicht, sie haben Angst!
Habt Mitleid, Rabbi, mit Eurer Gemeinde!

RABBI SCHLOJME *(setzt sich auf den Lehnstuhl, den Mirjaml ihm zugerückt hat. Er sitzt aufrecht, ohne sich anzulehnen.)*
Gemeinde . . . Gemeinde . . . Was ist eine Gemeinde?
Zwei, drei, vier, fünf Mirjamls vielleicht
und kleine zehn Juden zum Gebet dazu.
Jüdelein, magere, eingeschrumpfte, Haut und Bein,
gebückte, gekrümmte,
vergrämte, gelähmte . . .
Sie kommen und klopfen an des Weisen Pforte.
Ach, ihr verlorene Seelen, erfrorene Herzen,
zum Ner Tomid, zum ewigen Lämpchen, kommet ihr.
Bloß einen Funken wollt ihr erspähen.
»Ein Wunder der Schöpfung«, so flehet ihr,
»laßt doch ein Wunder geschehn!«
Einen Wink aus dem Jenseits,
das Wohl einer Spende.
Die kleinen Seelchen erbitten das alles für sich,
nur für sich, fürs eigene Weib und Kind,
für den Haushalt Stütze und Trost!
Gib's ihm geschwind her, geschwind!
(Pause)
Hier schwankt eine Welt zwischen Leben und Tod!
Sie wankt und schwankt, und sinkt
in Finsternis hinab . . .
Hier geht es um die ganze Welt!
(Pause)

Mirjaml (*verträumt*)
Die Wolke zieht dahin
wie ein dunkler Vogel,
der seine Flügel ausgebreitet hat,
der Höhe zu und in die Weite strebend . . .

RABBI SCHLOJME (*streng*)
In Schwarz gehüllt ist die Seele dieser Welt.
Und tief betrübt ist die Göttliche Gegenwart.
Sie trauert und weint.
Das Herz der Welt,
von eigenem Blute überflutet,
weint mit.
(*sich aufrichtend*)
Von Schrecken und von Pein
muß man die Welt erlösen!
So muß es sein, so muß es werden!
Ich mache die Hawdole nicht!

MIRJAML
Im Zorn verdunkelt sich die Wolke
und schaut auf uns hinab.
Die Kinder aber sehen nichts,
sie bleiben munter und schlafen fort.

RABBI SCHLOJME
Der Himmel zürnt:
»Warum macht Schlojmele
noch immer nicht Hawdole?«
(*Pause*)
Es trafen sich die Seelchen hier zusammen,
die man uns anvertraut,

und auch von oben widerrufene Seelen
sind hier versammelt.
Haben sich die Täubchen dort unten nicht befleckt?
Blieb auch nur eines ohne Schrammen?
Fehlt keinem ein Flügelchen?
Blieb kein gerupftes Federchen auf Erden?
Geprüft, gerichtet muß jedes werden!
Es steht bereit das Himmlische Gericht
in Mänteln des Gebetes mit goldener Verzierung,
Brilliantenkronen – welch reines Licht!
Jetzt richten sie und sprechen uns das Urteil zu.
(Pause)
Die Seelchen, die uns anvertraut, flattern, bangen
wie vor dem Jüngsten Tag!
(tröstend)
Zittert nicht, denn noch ist Sabbat!
Und Schlojme hat Hawdole nicht gesagt.
Das Gericht wird heut nicht richten!

(Entsetztes Schweigen. Man hört den Wind stürmen.)

MIRJAML

Die Winde jagen, treiben, stürmen.
Oh, wie sie pfeifen, heulen . . .
Zum Verzagen.

RABBI SCHLOJME *(in gebieterischer Ruhe)*

Es zürnt die Gehenna
und sendet ihre Boten aus.
Schwarze Vögel flattern im Wind.
Ein schwarzer Hund zerreißen will die Kette,

er tobt und windet sich, will sich befreien.
Der heilige Sabbat ist zu End!
Sambatjon, der wilde Strom, oh,
wie er rauscht und wütet,
wie er droht!
Schlojme aber trotzt!
Er trotzt und wird keine Hawdole beten.
Unter den Kesseln lohen auf die Flammen,
und in den Kesseln kocht und siedet es.
Es brodelt,
rauchende Flammen heben sich
und drehen kräuselnd sich zum Himmel.
Die armen Seelen, sündig und befleckt,
sie kehren um zur Folter und zur Pein,
denn wenn der heilige Sabbat nun erlischt,
ist ihre Zeit auf Erden um!
Sie sind verdammt, sie wissen es und zittern
und eilen fort auf ihren schwachen Flügeln.
Vor ihnen liegen Nebel.
Und bangen Herzens klammern sich
die Seelen an die Wolke.
Oh, wie sie zittern!
(tröstend)
Zittert nicht mehr!
Flieget frei, wohin es euch beliebt,
wo nur ein guter Wind mit euch das Fliegen übt.
Ich mache die Hawdole nicht!

DIE UMHERSTEHENDEN *(ängstlich)*
Was soll werden?
Rabbi, was soll werden?

RABBI SCHLOJME
Sabbat soll sein, Sabbat!
Mit meiner ganzen Kraft halt ich den Sabbat fest.
Am Sabbat wird nichts entschieden,
nicht geurteilt, nicht gestraft.
Noch ist es Sabbat hier! Noch ruht die Welt...
(Pause)
In den höchsten Höhen hängt eine Waage,
vor dem Throne Seiner Herrlichkeit
wiegt sie sich hin und her.
Das Zünglein schwankt:
Ein Jude hat eine gute Tat vollbracht.
Doch gleichzeitig beging er eine Sünde auch,
das Zünglein kann nicht ruhen dann!
Es gibt kein Ganz Schuldig,
wie es auch kein Vollkommen Unschuldig geben kann.
So schwankt das Zünglein hin und her,
und Gott der Barmherzige schaut zu.
Doch helfen kann Er nicht.
(Pause)
In Rom bei den Pforten
sitzt der Messias.
Er sitzt und wartet, denn gehen kann er nicht.
Die Wunden heilen nicht, er bindet sie auf,
und bindet sie dann wieder zu.
Vor Seiner Zeit die Welt erlösen – vermag Er nicht.
Doch auch zum Warten fehlt die Kraft.
In Düsterkeit versinkt die Welt.
(trotzend)
Doch auf Erlösung warten alle!

(Hand in Hand kommen Leah und Jonathan herein. Niemand bemerkt sie. Sie bleiben erstaunt und erschrocken an der Türe stehen.)

STIMMEN *(im Zimmer)*
Die Hawdole, Rabbi, die Hawdole,
der Sabbat muß zu Ende gehen.

RABBI SCHLOJME *(exaltiert, befehlend)*
Sabbat soll sein! Sabbat, Sabbat!
Nicht geackert, nicht gesät,
nicht gedüngt und nicht gemäht,
nicht gebaut, nicht verrichtet,
nichts geschaffen, nichts vernichtet,
nicht gehandelt, nicht gewandelt . . .

EIN CHASSID
Soll unsre Welt vernichtet werden?

RABBI SCHLOJME
Ja, laßt sie untergehen! Doch wir, wir Sabbatjuden,
wir Festtagsmenschen aller Zeit,
Juden mit einer zweiten Seele beschenkt,
die zweite Seele – Sabbatseele,
wir werden über Ruinen schreiten,
über die Trümmer hinweg, hinfort . . .

MIRJAML *(still)*
Wohin? Rabbi, wohin?

RABBI SCHLOJME *(in Ekstase)*
Zu Ihm, zu Ihm! Dorthin!
Singend und tanzend werden wir schreiten.
Zu Ihm! Zu Ihm!
(ruft laut)
Singt mit mir! Tanzet mit mir!

(Im Zimmer wird es ganz still. Rabbi Schlojme beginnt zu tanzen. Man hört das Klirren des Kronleuchters. Die Greise schicken sich an, mit dem Rabbi im Kreise zu tanzen. Sie winken den anderen zu, rufen sie, doch jene weigern sich und stehen reglos herum. Die Greise tanzen in offenem Kreise. Jonathan und Leah sind mitgerissen. Sie schieben Tisch und Stühle zur Seite und fassen Mirjaml, ihre Mutter, an den Händen und tanzen mit. Es sind jetzt zwei Halbkreise. Mojsche sieht alldem abwesend zu. Einige Chassidim schleichen sich leise ins Bethaus fort. Mirjaml entzieht sich den Händen ihrer Kinder, erfaßt den Zipfel von Schlojmes Gürtel und tanzt selig verträumt, keusch und fröhlich wie in einem Brauttanz um ihn herum. Leah und Jonathan tanzen miteinander. Der Kronleuchter klirrt immer stärker.)

LEAH
Sieh nur, sieh, wie die Mutter strahlt!
Als würde Gottes Gegenwart auf ihr ruhen.

JONATHAN
Auf den Urgroßvater schau!
Wie ein Engel in Heiligtum gehüllt ist er.

RABBI SCHLOJME *(bleibt stehen)*
So schreiten wir singend, tanzend,
wir die großen Juden, Festtagsjuden, Sabbatjuden.
In unseren Seelen brennt die Flamme,
und vor uns öffnen sich die Himmelstore bald.
Wir bitten nicht, wir betteln nicht,
denn stolze, mächtige Juden sind wir!

Wir sagen Ihm:
»Wir konnten nicht mehr warten.
Wir singen nun das Hohe Lied,
das Lied der Lieder – Schir Haschirim.
So kommen wir zu Dir!«

(Mirjaml tanzt allein, verzückt, mit geschlossenen Augen zum Rhythmus von Rabbi Schlojmes Worten. Allgemeine stumme Ekstase. Pause.)

JISROEL *(stürzt in die Stube und schreit)*
Gute Woch, Juden, gute Woch!

RABBI SCHLOJME *(sinkt wie gefällt auf den Stuhl, ernüchtert und verzweifelt)*
Ach, wehe mir. Ach, wehe mir,
sie haben den Sabbat beendet . . .

JISROEL *(sieht dem Rabbi ins Gesicht, mit schneidend kaltem Ton)*
Soeben hat Pinchas Hawdole gemacht!
(betonend)
Rabbi Pinchas! Unser neuer Rabbi!

RABBI SCHLOJME *(mit schwacher Stimme)*
Mein Sohn? Mein schwarzer Sohn?

(In der Türe erscheint Pinchas in schwarzer Wochentagskleidung, im Gegensatz zum weißen Sabbatkittel seines Vaters. Die Menge folgt ihm.)

JISROEL *(tritt zur Seite, damit Rabbi Schlojme die Menge sehen kann)*

Die Gemeinde hat mich darum gebeten.
Die Gemeinde hat's gewollt.
Die Gemeinde hat's verlangt.
Die Gemeinde fordert es.

(Pause. Rabbi Schlojme geht langsam und schwer in sein Zimmer. Rabbi Pinchas tritt ein.)

CHASSIDIM *(murmeln)*
Rabbi Pinchas . . . Rabbi Pinchas geht . . .
Der neue Rabbi geht . . .

(Mirjaml begleitet Rabbi Schlojme in sein Zimmer. Drei Greise folgen schweigend und gesenkten Kopfes. Leah und Jonathan gehen Hand in Hand hinter den Greisen. Jonathan erblickt Pinchas, reißt sich von Leah los und geht in die Stube zurück. Einige Chassidim stellen sich zu beiden Seiten der Türe auf. Rabbi Pinchas nähert sich langsam dem Lehnstuhl seines Vaters, hinter ihm Jisroel und Chassidim. Juden kommen mit Angst und Hoffnung in ihren Mienen ins Zimmer.)

JISROEL *(zu Pinchas, der zögert, seines Vaters Lehnstuhl zu besetzen)*
Setzt Euch, Rabbi . . .

(Alle erzittern. Pinchas setzt sich sehr langsam.)

Vorhang

II. Akt

Dasselbe Zimmer, verwahrlost, unordentlich. Das Sofa ist mit schwarzem Wachstuch bedeckt. Der Kronleuchter ist entfernt worden, auf einem einfachen Tisch liegen einzelne Kristalle, die hinuntergefallen sind. An den Fenstern keine Gardinen. Das Sonnenlicht eines heiteren Frühlingstages dringt ins Zimmer. Die Bäume im Vorhof stehen in Blüte.
Mojsche liegt auf dem Sofa. Mirjaml, abgezehrt und kränklich aussehend, geht auf und ab und schaut zu, wie Gabbojim und Chassidim unter Jisroels strenger Aufsicht allerlei Sachen hinaustragen. Dwojre schaut mit mütterlich barmherzigem Blick auf Mojsche und Mirjaml, als wollte sie sagen: ›Wie kann ich euch helfen, meine Kinder?‹
Die Gabbojim und Chassidim setzen ihre Arbeit fort und tragen alles durch die Türe links hinaus.

DWOJRE

Pst . . . Mojschele will schlafen,
verhänget das Fenster!

(Er nimmt von sich das Schultertuch hinunter und wirft es mit zitternden Händen auf den Tisch. Ein Chassid schiebt den Tisch zum Fenster. Die Kristalle fallen leise klirrend zu Boden.)

MIRJAML *(wehmütig)*
Die letzten Klänge ... Das letzte Klirren ...
(schaut sich im Zimmer um)
Alles was Klang und Farbe hatte ...
Und auch der Widerhall
seiner Gesänge verklingt ...

DWOJRE *(erschrocken)*
Sprich es nicht aus, Mirjaml!

MOJSCHE *(flehend)*
Schweig, Mirjaml, schweig ...
(Pause. Zu Jisroel)
Wo ist Jonathan?

JISROEL
Er ist mit uns. Euer Sohn hat sich
auf unsere Seite gestellt.

DWOJRE *(mit Stolz)*
Tag und Nacht sitzt er beim Lernen.

JISROEL
Dem Rabbi Pinchas ist er jetzt die rechte Hand
und war es seinem Urgroßvater auch.
Lebt unter dessen Einfluß, geliebt, geschätzt von allen.
Mojschele, wo ist aber Eure Tochter?
(ab)

MOJSCHE *(ängstlich)*
Ist Leah denn nicht hier?

JONATHAN *(tritt aus dem Bethaus voll freudigen Stolzes)*
Mutter, Vater, Großmutter!
Ein neuer Sieg, ein großes Glück:
Boten aus vielen Gemeinden
kamen zum Großvater heute zurück!
Sie bitten ihn um Frieden.
Er aber, ach, wie er sie ansieht.
Sein Blick ist vernichtend, unerbittlich.
Er will nicht ihren Frieden,
den Frieden, den sie wollen, will er nicht.
Sie sind wohl gute, graue, ehrwürdige Juden,
man sieht ihnen die Würde an . . .

(Jonathan findet bei den Anwesenden kein Verständnis und setzt sich enttäuscht zur Seite. Pause.)

Mutter, wo ist Leah?

MIRJAML *(beim verhängten Fenster)*
Mein armes, unglückliches Kind . . .
Zwei Seelen ringen in ihr . . .

DWOJRE
Was sind das für Reden?

MOJSCHE
Was sprichst du, Mirjaml, von zwei Seelen?

JONATHAN
Zwei Seelen, Mutter? Zwei?

MIRJAML

Die Seelen des Großvaters und des Urgroßvaters
leben in ihr weiter.

MOJSCHE

Und ich, ihr Vater, wo bleibe ich?
Habe ich gar keinen Anteil am eigenen Kinde?

MIRJAML *(zärtlich)*

Du? Bist Leahs eigene Seele,
die aber oft von Großvaters und Urgroßvaters
überwältigt wird,
und ach, so mächtig...
Unser Kind ist in ihrer Macht.
Es wirft im Chaos sie hin und her,
zwischen Licht und dunkler Nacht.

JONATHAN *(heftig)*

Sag nicht dunkle Nacht, Mutter.
Großvater Pinchas ist lauteres Licht, heiliges Licht!
Ein König ist er, groß und erhaben.
Geh hin, Mutter, und sieh,
wie alle dort vor ihm in Ehrfurcht stehen,
die Boten und Gesandten der Gemeinden.
Sieh nur, sie stehen auf den Zehenspitzen,
und doch fühlst du dabei, wie sie zugleich
zu seinen Füßen liegen und
seine Knöchel küssen.
Wenn er mit seiner Braue zuckt,
erzittern alle wie am Baum die Blätter.
Erhebt er sich und runzelt seine Stirn,
dann blitzen seine Augen und seine Stimme donnert:
»Vertilgen werde ich die Ketzer,
die Freidenkerköpfe verdammen!«

DWOJRE *(händeringend)*
Ja, so ist er! Ja, so spricht er!

JONATHAN *(exaltiert)*
»Und alle, die es wagen«, spricht er zornig,
»meines Amtes Macht nicht anzunehmen,
die Rabbis, nicht vom rechten Stamme,
die falschen Volkserlöser
und die Rabbiner, die sie stützen,
die Richter und die Schächter,
auf ihnen liegt mein Bann!«

MIRJAML
Schweig, Jonathan, mein Sohn,
sprich ihm nicht nach – dem Zorn.
Ach, schrecklich wirst du, Kind,
wie finster deine Augen blicken,
die hellen, blauen, sanften,
die du vom Urgroßvater hast.
Wie süß und mild sie immer blickten!
Wie sich dein Antlitz wandelt,
wenn Wolkenschatten
auf deine jungen Wangen fallen!
Die zarten Lippen beben . . .

(Jonathan bedeckt sein Gesicht mit den Händen.)

MOJSCHE
Rabbi Pinchas straft und straft und straft,
als wäre er der einzige Richter über uns.
Er ist der Hüter, er das Urteil spricht.
Mirjaml, hör: Der Doktor kam gestern,
da schrie er auf:
»Er darf nie herkommen, nie!«

JONATHAN *(aufspringend)*
Wie kann es anders sein?
Die Sache ist nicht rein!
Der Medikus verführt mit seinen freien Worten.

MOJSCHE
Ja, ja . . . Jisroel hat darauf
schon seinen Leuten einen Wink gegeben.

DWOJRE
Wie schwach bist du, mein Sohn, wie krank.
Das viele Reden schadet dir.
Was fehlt dir, Sohn?

MOJSCHE
Nichts, Mutter, nichts.
Bloß fließt das Blut so kalt in meinen Adern.
Die Angst, die jetzt hier lebt, atmet man ein,
und alles ist eingehüllt in Trauerschatten.
Die Vorschrift folgt nach dem Gesetz.

JONATHAN *(mit Stolz)*
Metamorphose Pinchas!

MOJSCHE
Er schleudert Blitz und Donner
über die jüdische Gemeinde
mit ihren hölzernen Häuschen,
mit Dächlein, die aus Stroh . . .
Und ach, so viele mächtige Feinde ohnehin!

JONATHAN *(mit Pathos)*
Man muß von Sünde rein sein,
schuldlos, vollkommen,
das ist, was er will und fordert.

MOJSCHE *(zu Dwojre)*
Hörst du es, Mutter?

DWOJRE *(weint fast)*
Was weiß denn eine Frau?

MOJSCHE
Mit Schlachtmessern und Feuer kamen sie,
sie haben unsere Gemeinden zerstört, vernichtet,
Asche über den Köpfen der Verbrannten,
Ruinen ringsherum . . .
Witwen und Waisen der Ermordeten . . .
Hat damals man sein strafend Wort gehört?
Wen strafet sein Gesetz?
(mit gebrochener Stimme)
Sich von ihm lösen, Mutter, ach, das kannst du nicht!

DWOJRE *(erschrocken)*
Ich? Von meinem Pinchas fortgehn?
Oh Gott, oh Gott, das kann ich nicht.

MOJSCHE
Sein Weib bist du und Mutter seiner Kinder.
Dein gütiges Herz laß sprechen,
geh zu ihm hin und sprich zu ihm.

DWOJRE *(aufschluchzend)*
Ich kann es nicht.
Ich zittre wie ein Blatt vor ihm,
sein Blick dringt in mein Herz,
ich hab es gut bei ihm,
denn er spricht sanft zu mir.

Doch will er, wird zu einem Donnerschlag
die Stimme . . .

(Läuft weinend ab. Lemach und Bejnisch kommen herein.)

MOJSCHE *(geht ihnen entgegen)*
Friede sei mit Euch.

LEMACH *(mit schuldigem Tonfall)*
Wie Schafe ohne Hirt waren wir.

BEJNISCH
Man konnte länger nicht . . .

LEMACH
Man mußte einen Hirten haben,
einen, der uns führt.

MIRJAML *(leise)*
Zum Grabe führt er uns.

MOJSCHE
Wo ist Avruhom?

(lange Pause)

LEMACH
Selig sei sein Andenken . . .

BEJNISCH
Wir haben ihn bestattet . . .

MOJSCHE *(bitter)*
Der Rabbi straft, und man bestattet den Bestraften.

(feindseliges Schweigen)

LEMACH *(zu Bejnisch)*
Komm, den Gruß des Friedens zu empfangen.

BEJNISCH
Er ist im Bethaus.
(beide ab)

MIRJAML
Alle, alle unterwerfen sich ihm.

LEAH *(durch die Hoftüre hereinkommend)*
Nicht alle! Nein, nicht alle!

JONATHAN *(springt auf)*
Wo warst du, Leah?

LEAH *(beim Fenster)*
Seht nur, wie alles leuchtet, wie es blüht!
Es singt und tönt so frei.
Ihr aber seid in Schatten eingehüllt hier drinnen,
versponnen im Gewebereich der Spinnen.
Im Netz der Finsternis ersticken Eure Seelen!
(übermütig)
Es werde Licht!
(sie reißt das Fenster auf)
Und Luft! Reine Luft!

JONATHAN
Luft . . . Du bist bei ihm gewesen,
von ihm kommst du jetzt her.

MOJSCHE *(zitternd)*
Von wem?

MIRJAML
Mein Herz ahnt Böses heut.

LEAH
Ja, ja, ich war bei ihm, ich hab ihn herbestellt!

JONATHAN *(grimmig)*
Leah, Leah! Was hast du getan?

LEAH *(lacht ihm ins Gesicht)*
Dein Zorn wird dir nicht helfen, Bruder.
Du und Großvater, ihr seid euch gleich.
Unser Vater ist krank,
und sieh die Mutter an,
auch sie hält sich noch kaum.

JONATHAN *(entrüstet)*
Was kann von dir man jetzt erwarten?
Lehrt er dich viel von guten Dingen?
»Die Rabbis alle Schwindler sind«, sagt er.
»Natur, Natur, die Welt hat die Natur geschaffen!«

MOJSCHE *(verzweifelt)*
Mirjaml! Was reden sie daher?
Meine Kinder sprechen, und ich
verstehe nicht den Sinn.

Mirjaml, du hast den Großvater einst
so gut verstanden –
mein Weib, verstehst du unsere Kinder auch?

MIRJAML
Sie sind so jung, und ich bin schon so alt.
(Pause)
Für dich hat Leah ihren Arzt bestellt.

JONATHAN *(erregt)*
Vater! Durch diese Tür darf er nicht kommen!
Mütterchen, dir ist bange, doch ich sage dir,
über diese Schwelle soll er nicht kommen!
Er ist die Schlange vom Garten Eden.
(zu Leah brüderlich zärtlich)
Schwester, meine Schwester, Leah . . .

LEAH
Mein armer Bruder, wie ist dir?

JONATHAN
Ich hatte einen Traum.
Mir, dem Enkel des Bal-Schem-Tow,
offenbarte sich im Traum . . .
Und dir, dir, Leah, will ich es erzählen.

LEAH *(gerührt)*
Erzähle doch!
Seit je erzählst du schön.

JONATHAN
Mir träumt, ich war im Himmel.

MOJSCHE

Nur Kinder würdig sind, solch Traum zu träumen.

LEAH

Erzähle doch.

MIRJAML

Erzähl, mein Sohn, erzähl,
dann läutert deine Seele sich,
der Himmel über dir erstrahlt in Licht,
die dunklen Wolken ziehen fort.
Es leuchten deine blauen Augen auf,
und deiner Mutter Herz taucht
selig dann in ihnen unter,
als wäre aus Kristallen dort ein Teich.

JONATHAN

Im Himmel also bin ich;
aus Marmorstein ist alles um mich her
wie frischer, neugefallener Schnee,
so hell und rein, so klar und weiß,
so heilig . . .
Sag, lachst du nicht, Leah?
Hast immer über mich gelacht.

LEAH

Nein! Ich liebe deine Träume.
Wie Perlen sind sie,
wenn sie aus deinem Munde kommen.
Ich, deine arme Schwester,
bete und bettle, daß auch ich sie träumen dürfte.

MOJSCHE
Kinder, was ist denn das für ein Gerede?
(niemand hört auf ihn)

JONATHAN
Stille silberweiße Nebel,
gesäumt mit Gold und Purpurrot,
schweben hoch, hoch im Raum dahin,
hoch über meinem Kopfe.
Ich schlage meine Augen auf zu ihnen
in Sehnsucht und mit Herzensfreude,
und in den Nebeln zittern, schimmern, leuchten
die Sternchen, golden helle Sternchen funkeln.

LEAH *(ergreift Mirjamls Hand)*
Sieh seine Augen an, sieh ihn an, Mutter!
Wie reine Tauben sind seine Augen . . .

JONATHAN *(verblüfft)*
Hast du jetzt Tauben, Tauben gesagt?
Woher hast du's gewußt, Leah?
Es waren Tauben dabei! Silberweiße Tauben.
Und die Sternchen – das waren ihre hellen Augen.

LEAH
Wie soll man das nur deuten?

JONATHAN
Leichtherzige, süße Tauben,
sie baden, tauchen fröhlich in Silberwölkchen ein.
Da erblicken sie mich plötzlich,
fliegen auf und schwirren,
schweben, fliegen, fliegen

immer niedriger und näher meinem Kopfe zu.
Sie berühren mich im Fluge, mit den Schnäbelchen,
den rosigen,
mit den Flügelchen,
den liebkosenden,
berühren sie mein Gewand.
Lieblich streicheln sie die Wangen mir,
und küssen mich auf meine Lippen
mit ihren zarten Schnäbelchen.
Sie bitten mich um etwas, gurren mir ins Ohr,
und herzlich reden sie mir etwas vor.

MOJSCHE, MIRJAML, LEAH
Was? Was? Was?

JONATHAN *(ekstatisch)*
Glaube! Glaube! Glaube!

LEAH *(wieder skeptisch)*
Wem? Glaube - wem? An wen?

JONATHAN
Den guten, frommen Menschen,
allen, die die goldene Kette bindet.

LEAH, MIRJAML
Goldene Kette? Was für eine Kette?

JONATHAN *(sein Gesicht verdüstert sich,
er atmet schwer)*
Doch plötzlich . . .

LEAH

Ich sehe unseren Großvater bei dir!
Zurück, Großvater! Laß ihn träumen!

JONATHAN

Doch plötzlich höre ich Schritte.
Zwei kommen, kommen her, ja, zwei!
(verdeckt sein Gesicht mit den Händen)
Ach, ich darf nicht sagen, wer . . .

LEAH

Sag!

JONATHAN *(zögernd)*

Du und . . . er.

MIRJAML

Wer?

MOJSCHE

Wer ist »er«?

JONATHAN *(zu Leah)*

Ein Mensch aus Eis,
die Augen Stahl, wie Dolche seine Blicke.
Ein Messer hält er in der Hand und reicht es dir.
(sein Gesicht verdeckend voller Schmerz)
Er sagt dir: »Schneide!«
Und du, ach böse Schwester, du gehorchst
und schwingst das Messer um den Kopf.
Nach oben aber blickst du nicht.
Du schwingst die Hände hin und her,
das Messer blitzt und folgt der starken Hand . . .

(Pause. Er faßt mit den Händen seinen Kopf an.)
Und die Tauben,
die unter deinem Messer fliegen,
fallen tot und liegen
geschlachtet am weißen Marmorstein.
Sie fallen blutend,
zappeln sterbend,
erlöschen zitternd im eignen Blut.
Noch einmal schauen sie zu mir,
hauchend röcheln sie: »Glaube! Glaube! Glaube!«
Und ihre Augen schließen sich . . .

DOKTOR BERGMANN *(unbemerkt hereinkommend)*
Jonathan, du deklamierst.

JONATHAN *(erschrocken)*
Großvater, Großvater, komm!

(Rabbi Pinchas tritt ein. Chassidim folgen ihm.)

RABBI PINCHAS
Vergebens! Mit Furcht im Herzen
seit Ihr zu mir gekommen.
Mit Furcht im Herzen sollt Ihr fortgehen von hier.
Euer Weg gepflastert ist mit Schrecken und Feigheit.

EIN CHASSID *(ehrfürchtig, aber mit fester Stimme)*
Verdammt Ihr eine ganze Welt?
Verurteilt Ihr uns alle, Rabbi?

RABBI PINCHAS
Vollkommen schuldlos rein muß sein die Welt!
Mit Flammen reinigen die Welt will ich,

bis sie wie Silber lauter wird.
So hat es Gott zu mir gesagt.
Frei läßt Er alle Winde stürmen,
sie wehen eure Sünden fort.
(im chassidischen Singsang)
Der Gesang des Geliebten gilt seinem Weingarten.
Sein Weingarten aber ward
von Gottes Hand gepflanzt.
Und das sind wir!
Doch der Sturm singt:
»Die Dornen sind ausgerissen worden,
verdorrt das wilde Gras im Land.«

EIN CHASSID

Rabbi, Rabbi,
die Menge kann es nicht mehr tragen!
Gemeinden sind schon am Verzagen!

RABBI PINCHAS *(sarkastisch)*

Menge! Gemeinde!
Wer braucht die Menge?
Wer braucht die Gemeinde?
Wenn nur ein reiner Minjan bleibt,
die Zehn zu dem Gebete,
wenn einer uns nur bleibt,
ein einziger frommer Wasserträger!
Mit einem Seil um seine Lenden
wird er sich betend zu den Himmeln wenden,
und seine Psalmen sagen, wie er's kann,
und mag es auch ein scheues Stammeln sein,
der Himmel wird sich dann erfreuen,
und die Gehenna wird in Todesangst erbeben!
Wenn uns ein Dachdecker nur bleibt,

der sein »Sch'ma Israel«, sein »Höre Israel«,
zum Himmel rufen wird,
ein einziger Jude nur – ein einziger!
Und mag er selbst ein Krätziger sein,
der aber mit seinem letzten Atem
den Namen Gottes ruft!
Das wird genug sein, zu erlösen und erneuern uns.
Und die Gehenna wird tiefer in den Abgrund fallen ...
Ein Gott,
nur ein Jude,
sich aufopfernd im Märtyrium ...
Ihr, die Gemeinde? Vergeht.
(wendet sich mit Abscheu von der Menge ab; erblickt Doktor Bergmann, faßt den Stuhl an, um sich zu stützen.)
Du? Du bist hier?

DOKTOR BERGMANN *(kalt)*
Doktor Bergmann, Euch zu Diensten.

RABBI PINCHAS *(setzt sich, kraftlos)*
Nein ... nein ... Du wurdest uns
von der Unterwelt gesandt,
die finsteren Teufel haben dich hierher bestellt.

LEAH *(schreit)*
Nein! Ein Mensch ist er! Mein Bräutigam, Großvater!

RABBI PINCHAS *(schaut sie wie abwesend an)*

JONATHAN *(fällt zu seinen Füßen)*
Ach, strafe sie nicht, Großvater,
mit deinen flammend zornigen Blicken.

Ein böser Magier ist er,
er hat sie in sein Netz gefangen.

RABBI PINCHAS *(erschüttert)*
Doch meinen eigenen Weingarten
habe ich nicht behütet . . .
Die ganze Welt umsorgt,
doch an das eigene Haus nicht gedacht.
Oh Gott im Himmel! Deine Kriege habe ich geführt,
und Deinen Garten habe ich bewacht.
Die Erde hab beflissen ich gereinigt,
doch der böse Geist, der Werwolf,
schlich sich ein
und hat der Herde ihr reinstes
weißes Schäflein jäh entrissen . . .
Wirst Du, mein Herrgott, schweigen?
Nicht helfen uns in Not und Kummer?
Und uns nicht zeigen Deiner Wunder Macht?

(Lange bange Pause. Schleichende Schritte. Aus dem Bethaus kommen Lemach und Bejnisch. Chassidim bilden ein Spalier. Von der Türe links kommen Dwojre und Jisroel.)

LEMACH *(keuchend)*
Rabbi . . . Rabbi . . .

BEJNISCH
Eine Nachricht, Rabbi, . . .

LEMACH
Keine gute Nachricht, Rabbi.

DWOJRE *(stürzt schreiend herein)*
Die Stadt ist in Flammen!

JISROEL *(hämisch)*
Beim Doktor brennt es.

MOJSCHE *(gebrochen)*
Wieder eine Strafe?

JONATHAN *(triumphierend)*
Ein Wunder!

(Unruhige Bewegung in der Menge.)

RABBI PINCHAS
Ich danke Dir, mein Gott im Himmel!
Du hast im Unglück mir geholfen.

DOKTOR BERGMANN *(scharf)*
Ich bin gegen Feuer versichert, Rabbi.

LEAH *(zu Jisroel gewendet)*
Zeig deine Hände, du, du!
Jisroel, zeig deine Hände uns.
Sie müssen schwarz vom Brande sein!

(Jisroel zieht sich erschrocken zurück. Durchs Fenster sieht man den Brand. Eine große Menschenmenge versammelt sich im Vorhof. Gedränge in der Tür des Bethauses.)

STIMMEN

Rabbi, es brennt!
Im Rauch geht auf die Stadt.
Der Wind jagt die Flammen von Dach zu Dach.
Das Feuer frißt sich satt.
Es brennt! Es brennt!
Helft, helft uns, Rabbi!

DOKTOR BERGMANN *(zynisch)*

Das kann er nicht.

JISROEL *(schreit ihn an)*

Ketzer, Friedensstörer Israels!
(zur Menge)
Er hat die Stadt in Brand gesteckt!
Und unsere Namen sind befleckt.
Er sei versichert, sagt er uns ...

MENGE *(drohend näher an Doktor Bergmann kommend)*

Ah! Aha!

LEAH *(zur Menge)*

Halt!
(Sie bleiben stehen)
Laßt ihn vorbei!
(Die Menge weicht. Leah ergreift Doktor Bergmanns Hand.)
Komm, mein Bräutigam, kommt mir mir.
Du, Mensch des Lichtes,
laß uns fort aus dieser Finsternis,
fort von dieser Schlangenbrut!
Mutter, leb wohl. Vater, bleib gesund,

Gott nehme dich in seine Hut!
Denk, Jonathan, an uns in Güte.
Wir ziehen fort von hier.
(Die Menge versucht, sie zurückzuhalten.)
Fort mit euch!
Gebt uns den Weg frei!
Ihr finsteren Geister, Wichte,
den reinen und erhabenen Menschen
macht frei den Weg!
Den Weg uns frei! Wir schreiten nun zum Lichte.

(Leah und Doktor Bergmann ab. Rabbi Pinchas bricht in Ohnmacht zusammen.)

Vorhang

III. Akt

Dasselbe Zimmer, jetzt in ein kleines Bethaus verwandelt. Im kleinen Schrein sind Gebetsmäntel und Widderhorne zu sehen. Unter dem Hängeleuchter aus Messing steht ein einfacher, grob gehobelter Tisch. Schreibgeräte und ein Haufen von Bittbriefen liegen auf dem Tisch. Einige Möbel aus dem ersten Akt, aber in einem verwahrlosten Zustand. Trüber Nachmittag. Nach und nach wird es draußen heller.
Mirjaml ist allein auf der Bühne. Sie hält ein Gebetbuch in der Hand. Starrer, trauriger Blick; sie ist in ihre trüben Gedanken vertieft. Chassidim kommen in die Stube. Sie tragen ihre Gebetsriemen und Gebetsmäntel.

JUNGER CHASSID *(bleibt vor Mirjaml stehen)*
Rebbezin, Rebbezin!
Einen Gruß von Eurem Eidam bringe ich Euch.
Ich komme aus der Provinz.

MIRJAML *(erhebt sich, zittert)*
Und meine Tochter?

JUNGER CHASSID
Bei Eurem Eidam bin ich gewesen,
er half meinen Bruder vom Armeedienst zu befreien.
So manchen Groschen hat es gekostet,
er aber wird reich dabei.

MIRJAML
Habt Ihr meine Tochter gesehen? Meine Tochter?

JUNGER CHASSID
Nein, nicht gesehen.
Zürnt mir nicht, Rebbezin.

MIRJAML *(zu anderen Chassidim, die gehen wollen)*
Wartet!
Ihr kennet doch den Juden,
fragt ihn doch aus, wie's meiner Tochter geht.
(wendet sich einem armen einheimischen Chassid zu)
Du hast sie einst so liebgehabt,
sie war dir niemals schlecht gesonnen.
Sie hat ein Kind, ein Kind von ihm,
frag wenigstens nach ihrem Kinde!

ARMER CHASSID
Ich habe Angst, Rebbezin.
Sein wachsames Auge nimmt
Jisroel von mir nicht fort.
Er sieht alles.
Ich werde es versuchen, Rebbezin ...
(ab)

DWOJRE *(aus dem Frauenbethaus kommend)*
Mirjaml, Mirjaml,

dein Mann wird jetzt eine Rede halten,
seine erste Rede vor der Gemeinde.
Du aber trauerst immerfort!

MIRJAML
Wie soll ich nicht trauern, Schwiegermutter?
Wie soll ich nicht klagen?
Hat sich doch unsere einzige Tochter abgewandt
und hat den Weg, den schrecklichen,
zum Hochzeitsbaldachin allein, allein betreten!
Nur einmal schrieb sie mir, um Kunde mir zu geben,
daß sie ein Kind gebar in schweren Wehen.
Mein Enkelkind werde ich niemals sehn!

DWOJRE *(mitleidig, aber streng)*
Vergiß!

MIRJAML
Ein Bruder vergißt, der Vater vielleicht auch,
vielleicht auch nicht:
er stöhnt bei Nacht im Traum und weint im Schlafe.
Doch eine Mutter . . . vergessen kann sie nicht.

DWOJRE
Komm, wir wollen seine Rede hören,
er spricht schon eine Weile.

JISROEL *(tritt eilig ein)*
Rebbezin, wir sind erlöst, wir sind gerettet!

DWOJRE
Was sagt Ihr uns? Was wollt Ihr damit sagen?

JISROEL

Hört! Hört mit, teure Rebbezin!
Des Rabbis Stimme hört!
Beim Pult vor der Gemeinde aufrecht, stolz, erhaben
steht Euer Mann und spricht.
Von seinem Munde strömen Worte, hilfebringend.
Die Augen . . . ein Licht.
Vertrauen, Liebe, Glauben!
»Vertraut dem Schöpfer, liebt Ihn, glaubt Ihm.
Sein eigenes Selbst besiegen, Aufopferung . . .«,
so spricht er.
Und seine Worte schweben in den Höhen
wie silberweiße Tauben.

MIRJAML *(still, versonnen)*

Jonathans Traum, Jonathans Tauben.

DWOJRE

Noch ein Wunder! Ein Haus der Wunder!

JISROEL

Die Kraft, das Wirken
der Gemeinschaft ist es, Rebbezin!
Ich rief die Gläubigen, und
aus allen Teilen kamen sie zusammen.
Ich sandte Reiter und Stafetten aus,
und die Chassidimlein, Jüdelein, ach sie kamen!
Ich habe sie gerufen,
und eilig kamen sie herbei.

MIRJAML

Ach, die Menge . . . Was weiß die Menge?

JISROEL (*streng*)
Die Menschen wissen, wissen alles,
sie spüren seine Kraft,
(*zu Dwojre*)
denn jeder einzelne in der Gemeinde – Jude ist.
Und im Juden glimmt ein feurig Fünkchen.
Das Fünkchen Jude!
Klein ist der Funke, und voller Asche ist das Herz,
es glimmt drin kaum noch eine Flamme.
Man irrt verloren in der Finsternis herum,
allein, allein in Zeit und Raum . . .
(*frohlockend*)
Verbündet man sich aber, dann
gliedert sich ein Pünktchen nach dem andern
wie Ring an Ring an einer Kette.
Die Fünkchen flackern und schmelzen ineinander
zu einer einzgen Sonne, zu einer einzgen Flamme,
und golden rein beleuchtet wird des Weisen Haupt,
und seine Krone strahlt!
(*triumphierend*)
Nein! Nein!
Noch ist die goldene Kette
nicht gebrochen!

DWOJRE
Was soll denn das für eine Kette sein?

MIRJAML (*vor sich hin*)
Ja, ja, die Kette . . .

JISROEL (*ekstatisch*)
Die Kette vom Bal-Schem-Tow bis zu uns,
die unzerreißbar ewige goldene Kette!

JONATHAN *(tritt ein)*
Mutter, Großmutter!
Eilet ins Frauenbethaus,
hört die Stimme meines Vaters,
sein Antlitz, wie es leuchtet, seht!
Wie über seinem Haupte
Gottes Allgegenwart
im Glorienschein jetzt ruht!

DWOJRE
Komm, Mirjaml.

JONATHAN
Mutter, komm!

DWOJRE
Komm, Tochter, komm!
(zieht sie mit sich mit)

MIRJAML
Ich komme, ich komme, weil ihr es wollt.

(Dwojre und Mirjaml ab. Sonnenschein von draußen.)

JONATHAN *(zu Jisroel)*
Goldene Sonne! Es wird plötzlich Sommer.
Sommer ist hier!
Unerwartet ist er da.
(zum Fenster eilend)
Die Wolken über unserem Dach wie Rauch verzogen;
in Blüte unser Garten steht,
es blüht in unseren Seelen auch.

Hörst, Gabbaj du, wie alle Bächlein rieseln?
Sie laufen spielend von den Bergen
so zwischen Kies und Schilf.
Sonnengold und Sommerfreuden,
das haben unsere Gebete heut vollbracht.
(Im Bethaus wird es still)
Jisroel, was soll das bedeuten?

(Jisroel und Jonathan gehen zur Türe und öffnen sie. Rabbi Mojsche kommt herein in Begleitung des ersten und zweiten Vorstehers. Hinter ihnen der einheimische arme Chassid. Rabbi Mojsche ist niedergeschlagen.)

Väterchen!

JISROEL
Verschließet die Türe.
Laß die Menschen nicht herein!

(Die Menge wird zurückgedrängt. Es erscheinen Dwojre und Mirjaml und bleiben erschrocken stehen.)

STIMMEN *(von draußen)*
Laßt uns hinein, Rabbi!
Habt Mitleid, Rabbi!

JISROEL
Der Rabbi will allein sein,
er will sich der Selbstbetrachtung hingeben.
Der Rabbi sucht Abgeschiedenheit,
er ist für Menschen noch nicht bereit.

STIMMEN *(von draußen. Man hört sie an die Tür pochen.)*
Rabbi, wir haben viel zu erbitten, viel zu sagen,
haben Quittel, Bittschriften, mitgebracht!
Ach, so viel Leid, so viele Sorgen, Mühen,
so viele Bitten, viele, viele Bitten!

JISROEL
Später! Später!
(zu den Gabbojim)
Geht in den Hof, und unter Vorwand haltet sie zurück.
Und wenn sie widerstreben,
mit Stöcken treibet sie vom Hof!

(Gabbojim ab)

ARMER CHASSID *(zieht sein Bündel unter einer Bank hervor)*
Ich gehe fort,
es gibt für mich nichts mehr zu tun.
Lebt wohl.
(ab)

RABBI MOJSCHE *(sich aufraffend)*
Sie kamen her mit Bitten, Quitteln, Nöten,
Elend – geschrieben auf Papier.
Ich weiß, ich weiß . . .
(nimmt Briefe vom Tisch, liest einen nach dem anderen und wirft sie weg)
Einer will Söhne haben:
»Mannsbilder, Söhne, doch soll man sie befreien
vom Dienste der Soldaten.«
(bitter)

Mein Schwiegersohn, der Doktor, kann auch darin
wahrscheinlich sie beraten . . .
(liest weiter)
Broterwerb.
Und wieder Broterwerb.
Ein reicher Schankwirt will Reichtum
von der Schenke.
In Danzig, schreibt man, braucht man Regen.
Ein Waldhändler, der will, es soll schneien . . .
(er verbirgt für eine Weile sein Gesicht in den hageren Händen)
Sie kommen her zu mir,
zu einem müden, schwachen Juden
und bitten seinen Segen.
Man gab die Schlüssel mir
in diese schwachen Hände,
und ich, ich soll für ihre Söhne sorgen,
für Schnee und Regen,
für Broterwerb.
Ach, diese Bürde kann ich nicht mehr tragen.
Vom kranken Mojsche, der kaum noch atmet,
erhofft man: »Führe unsre Welt,
zerbrich die Schranken, führe uns.«

MIRJAML *(nähert sich ihm, tief gerührt)*
Was ist dir, Mojschele, mein Mann?

DWOJRE
Was ist mit dir geschehn?

JISROEL
Des Teufels Werk!
Wie schön war doch der Anfang.

JONATHAN
Ja, Vater, der Tag brach an mit Licht.

RABBI MOJSCHE
Nur eine flüchtige Weile,
und ich, ich dachte schon,
zurück kommt jene Zeit.
Oh, das Vergangene, die herrlich süße Zeit ...
in weißen Kitteln des Gebetes die Gemeinde
wie lichte Engel,
Augen strahlen
zum Himmel voller Glauben
und Zuversicht, Vertrauen, Mut.
Und willig sich zu opfern für mich,
dem Nachkommen des heiligen Bal-Schem.
Das Herz trinkt sanft die Strahlen,
und alles jubelt ringsherum.
Ein Adler bin ich und zum Flug bereit.
Mich tragen breite, starke Flügel,
und rings um mich sind meine Junge.
Ich trage sie ins blaue All,
hinauf, hinauf und immer höher, höher ...
Ich spanne meine Flügel schirmend auf
und schütze meine jungen Adler.
Zumal schau ich mich um,
fällt mir auch keins hinab?
Die Schwachen stärke ich mit meinem Blick,
mit meinem Ruf bring ich Gefallene zurück
und hebe den Entmutigten aus seiner Not
und laß ihn nicht verzagen.
So schweben wir dahin in hohen Fernen,
über der Erde und der Welt,
und wenn ich rufe, tönt meine Stimme über Ozeane,

weit über Berg und Tal und Feld und Wald,
weit über Dorf und Stadt.
Es tönt mein klarer Ruf,
zu bahnen ihren Weg.
Es ist Beruf des Großen seiner Zeit,
des wahren Helden . . .
(erhebt sich)
Wie mächtig meine Stimme tönt!
Die Wolken spalten sich,
die Tore öffnen sich zum Eden.
(er ist erschöpft, fällt auf den Stuhl, erhebt sich mit Mühe wieder)
Ich sehe unsre weisen Urväter,
die uns entgegenschreiten.
Vor mir steht Vater Pinchas,
er lächelt mild in seinen Bart,
den ich als Kind so liebte . . .
»Vergeblich bist du hergekommen, Vater!
Es ist nicht meine Art, es ist nicht meine Lehre«,
sag ich ihm,
»doch es ist gut, daß du gekommen bist!«
(Pause)
Und plötzlich sehe ich,
Großvater Schlojme steht vor mir!
(innig)
»So, so, du machst es gut,
Sohn meines Sohnes!«
(Pause)
Wir fliegen weiter, schweben hoch,
und immer höher steigt der Weg
zum durchsichtigen Saphirstein,
zum weißen Marmorstein.
Doch plötzlich . . .

JISROEL
Was? Was war es, Rabbi, was?

RABBI MOJSCHE *(langsam)*
Ein Ruf ertönt: »Schwindler!«

JISROEL
Wer? Wer? Wer hat gerufen?

RABBI MOJSCHE *(demütig)*
Ich weiß es nicht.
Warst du es, Leah?
Vielleicht dein Mann, der Doktor?
Rief jemand mir's im Bethaus zu?
Oder ein Echo gar vom Himmel?
Aus meinem eigenen Herzen gar?
Ich weiß es nicht.

MENGE *(hinter der Türe)*
Rabbi, Rabbi!
Die Gabbojim treiben fort uns mit Gewalt!
Laßt uns hinein zu Euch!
Habt Mitleid, Rabbi!
Gebietet ihnen Halt!
Wir bangen, Rabbi!

RABBI MOJSCHE *(bittend zu Jisroel)*
Lasst die Gemeinde doch herein zu mir.
In Demut niederknien will ich vor ihnen,
mich ihnen offenbaren,
denn ehrlich muß ein Jude sein,
den guten Namen zu bewahren.

DWOJRE *(beim Fenster)*
Ich sehe jemand
zu uns kommen.
Leah! Sie kommt zu uns!

MIRJAML *(läuft zur Türe, will sie öffnen, doch ihre zitternden Hände gehorchen ihr nicht)*
Leah, unsere Leah ist es!
Sie ist allein, ohne ihr Kind.
Sie wankt. Wie bleich ist sie! Wie bleich!
Jonathan, sieh, deine Schwester kommt.
Ach, öffne, öffne breit die Tür!

(Jonathan wendet sich stumm ab.)

RABBI MOJSCHE *(schreit erregt)*
Bestrafen!
Hart bestrafen sie!

LEAH *(tritt ein, faßt ihre Mutter an den Händen)*
Strafet mich nicht, Mutter, Vater.

JONATHAN *(kalt, streng)*
Woher kommst du, Leah?

LEAH
Von weither komme ich.

JONATHAN
Wohin führt dich dein Weg, Schwester?

LEAH *(scheu, demütig)*
Zurück zu euch.

JONATHAN
Zu welchem Zweck?

LEAH
Um Hilfe!

JONATHAN
Hilfe – von uns Menschen aus dem Dunkeln?

JISROEL *(zornig zu Leah)*
Hast deinen Sieg gehabt, dein Wunsch ward dir erfüllt!

JONATHAN
Zum Licht geschritten bist du!

LEAH
Das Licht war höllisch kalt,
und unter jenem Licht hab ich in Schmerz gesühnt.

RABBI MOJSCHE *(mit plötzlicher Zärtlichkeit)*
Bist krank, mein Kind,
Tochter mein, krank!

LEAH
Ja, Vater, sieh mich an und wisse, wie mir ist...

JISROEL *(betrachtet Leah mit erwachtem Mitleid)*
So dünn ist sie, so abgezehrt...

LEAH *(ruhig)*
Es ist die Abzehrung.
(alle schweigen, lange Pause)
In seiner Wiege liegt mein Kind,

dein einziges Schwesterkind, mein Jonathan.
Dein Enkel, Vater!
Dein Enkel, Mutter!
(weint)
Es liegt dort . . . blind.

ALLE
Blind? Blind?

LEAH *(wie in Trance)*
Große, dunkle, schöne Augen
wie deine, Mutter,
Urgroßvaters, des Rabbi Schlojmes Augen auch.
So sanfte Augen hast auch du gehabt, mein Bruder.
Laß sehen, wie blicken sie mich an?

JONATHAN *(wendet sich ab, hart)*
Nein!

LEAH
Das Kind hat unsere Augen.
Mit diesen Taubenaugen schaut es zum Licht,
doch sehen kann es nicht.

MIRJAML
Ach, Tochter, Tochter . . .

DWOJRE
Wie kann es sein?

RABBI MOJSCHE *(mild)*
Weißt du, warum dein Kind blind ist?

LEAH
Noch schläft des Kindes Seele tief,
und wacht sie auf, wird sie
die Mutter nie mehr sehn...
(weint)
Ach, helfet meinem Kinde, helfet mir!

JISROEL *(bitter)*
Dein Mann, der Medikus, kann er sie sehend machen?

LEAH
Ich habe keinen Mann.
Mein Körper, abgezehrt und krank,
aus dem mein Herz entglitt, entglitt,
stieß ab den Mann, verloren hab ich ihn.
Und sein Begehr verging.
Ach, seine Wissenschaft nicht heilen kann die Pein,
die Wunden sind nur mein, nur mein.
Er sprach zu mir in eisiger Offenheit,
daß dies das Ende sei.
Oh, helfet mir! Rettet mir mein Kind!
Helfet mir!

JONATHAN *(bitter)*
Um Hilfe kommst du zu den Menschen,
die der Finsternis gehören,
von ihm – Geschöpf des Lichtes?
Dein Leidenslied jetzt anzuhören...

LEAH
Mir schlägt jetzt späte Abendstunde.
Mein Stolz – gebrochen...
Der Tod hat seine Hand

auf meine Schulter längst gelegt.
Er drückt mich nieder
zu euren Füßen.
Ach, ich falle, falle, falle . . .
(fällt in die Arme ihrer Mutter)

JONATHAN *(unerbittlich)*
Du wolltest Klarheit,
Licht hast du begehrt.

LEAH *(flehend)*
Schweig, Bruder, schweig,
erbarme dich, sei still!
Was Klarheit ist – wer sagt es mir?
Der Schnee ist tot und kalt und . . . klar.
Frost nagt an meinem Herzen und sagt mir:
»Der Tod ist klar!«
Zu Hause hat man mich gelehrt,
daß es Geheimes gibt,
in weißes Leichenhemd gehüllt – für ewig unerklärt.
Was klar ist, bleibt uns kalt und fremd,
wie Eisen hart,
wie Stahl ist es, oh Jonathan!
Wenn mal 'ne Klinge aufblitzt, ist es
ein Messer, tödlich scharf,
das deine Tauben schlachtet, Bruder!
Und wird des Lebens Dämmerung klar,
muß ich vergehen, verloren in dem Licht.
In meinem Lämpchen brennt
der letzte Tropfen Öl zu Ende.
Von nirgends leuchtet dir ein Tag,
so sagt er mir.

RABBI MOJSCHE

Ja, ja, Gesetze und Natur,
weißt du es noch, Leah?

JONATHAN

Natur, Natur, Natur ...
des falschen Propheten falsches Wort.

LEAH *(exaltiert)*

Mitleidslose Lüge!
Ein Seil mir um den Hals!
Es würgt mich, würgt mich, ach ...
Es gibt ein Auge irgendwo,
das über unsrem Schicksal wacht.
Die Welt ist nicht allein,
sanft führt uns Gott und hält uns bei der Hand.
Sein Herz schlägt warm für uns,
sein barmherziges Herz.
Gerührt von meinem Leid schlägt es ...
Betet für mich,
betet für mich,
zum barmherzigen Herzen betet.
Es wird euch hören!

RABBI MOJSCHE, JONATHAN

Wir? Beten? Wir – für dich?

LEAH *(verzückt)*

Ihr Heiligen, Großen, Ihr!
Für mich Gefallene und Sündige, für mich ...

RABBI MOJSCHE *(ängstlich)*

Leah, ein Wurm bin ich!

LEAH
Armer Vater.
Du aber, Jonathan?
Du bist so jung und stark ...

JONATHAN *(anklagend)*
Wo sind meine Tauben, Leah?

LEAH *(gurrt wie eine Taube)*
Glaube, Glaube, Glaube!

JONATHAN *(hart)*
Sie sind tot!

RABBI MOJSCHE *(richtet sich plötzlich auf. Zu Jisroel befehlend, rabbinisch stolz)*
Öffne die Tore weit und laß die Menschen kommen!

JISROEL *(erschrocken)*
Ja, Rabbi, ja, ich öffne, öffne ...

RABBI MOJSCHE
Die ganze Gemeinde lasset kommen!

JISROEL *(in der Tür, zitternd)*
Fort sind sie alle,
kaum eine Zehnzahl Juden ist geblieben.

RABBI MOJSCHE
Ruf sie zu mir!

JISROEL

Ich folge, Rabbi, deinen Wünschen.
(Zehn erschrockene Juden kommen herein, unter ihnen drei Greise, geführt von zwei Chassidim.)
Seht seine Augen, Juden! Ach, seine Augen!

RABBI MOJSCHE

Gebt meinen Tallis her! Den Kittel zum Gebet!
Und Licht soll angezündet werden!

(Jisroel und die Juden führen alles aus.)

MIRJAML

Was willst du tun, mein Mann?

RABBI MOJSCHE *(still)*

Laß mich versuchen . . .

JONATHAN

Ja, Vater, ja . . . Wie blaß ist Leah, sieh!

RABBI MOJSCHE

Es fällt der Mensch
wie Dathan und Abiram fielen,
wie Korach einst.
Ein Menschenkind im Staube,
zertreten wie ein Wurm?
Nein, nein, das darf nicht sein.
(hüllt sich in fieberhafter Eile in den Gebetsmantel. Jisroel und die Juden treten erschrocken zurück, während der Rabbi zum Heiligen Schrein schreitet.)

LEAH *(mit schwacher Stimme)*
Mutter . . . Bruder . . .
Angst befällt mich,
ich fürchte mich . . .
(will Jonathans Hand fassen, doch er wendet sich von ihr ab. Rabbi Mojsche küßt inbrünstig den Vorhang des Heiligen Schreines, öffnet ihn und spricht sein Gebet schluchzend ins Innere des Schreines.)
Wie seine Schultern zucken,
wie seine Hände zittern . . .

RABBI MOJSCHE *(seine Stimme kommt aus dem Innern des Schreines)*
Für meine Tochter bete ich und flehe für die Seele,
für Mirjams Tochter Leah.
Da liege ich im Staube, bleich und schwach,
ich bin der kleinste Ring,
der schwächste Ring bin ich
in der goldenen Kette.
Mit der Gemeinde im Gebet,
ein Jud, ein einfacher mit allen,
erbitten demütig die Hilfe
der Urväter will ich jetzt.
Mein Vater! Rabbi Pinchas!
Dein schwacher Sohn bin ich
und bete für dein Enkelkind, für Leah.
Für Gott, den Herrn aller Heeresscharen,
hast du die Frevler schon gestraft.
Die Wurzel, die verdarb,
rissest du der Erde aus.
Unreines Schaf vertriebst du aus der Herde;
durch Feuer und Zorn hast du uns geadelt.
Wie silberrein sind wir durch dich!

Für deinen Mann hast du, mein Kind,
dein Haus verlassen.
Die Strafe hast du dir verdient.
Groß aber ist der Herr.
Hilf ihr, oh Gott!
Ja, sie entglitt Dir, Gott, widerspenstig, trotzig ...
Doch ist es Dein Gesetz, das sagt:
»Nicht sollst du Rache üben,
im Herzen Rachedurst nicht hegen.«
In Heiliger Schrift steht es geschrieben.
Im Garten Eden, im Ojlam Emes, in der Wahren Welt,
bist du doch unser aller Vater!
Hilf meinem Kind ...

JONATHAN *(flüstert in Ehrfurcht)*
Du sprichst die rechten Worte, Vater.

LEAH *(verzweifelt)*
Nein, nein, nicht so, nicht so, mein Vater.
Sag Ihm: »Ihr Herz ist voller Reue.«
Sag: »Sie glaubt wieder.«
Denn zu Seinen Füßen liege ich in Treue
und wasche sie mit Tränen:
im Staube liege ich ...
Sag Ihm, daß ich mich sehne.

RABBI MOJSCHE *(schwach)*
Hört Ihr sie? Vater, Großvater?
Große, stolze Juden ihr,
zürnt nicht, weil ich zu euch jetzt komme.
Zu dir, Großvater, strecke ich die Hand
und bettle jetzt um deine Gnade.
Nicht sabbatheilig und nicht festtagsschön

steh ich, dein Enkel, vor dir.
Wir sind Gefallene!
Zum Bettlersack gesunken stehe ich vor dir.

MIRJAML

Ach, Mojsche, nein, nicht so.
So wird er nicht verzeihen.

LEAH

Sag ihm, ich liebte ihn,
durch Jahre wahre ich sein Bild in meinem Herzen.
Urgroßvaters Strahlenblick lebt in mir,
sein liebes Lächeln noch
in meiner armen, kranken Seele.

RABBI MOJSCHE *(still betend)*

Und du, Bal-Schem-Tow, Urvater du,
die goldene Kette . . . laß nicht brechen.
(lange Pause. Verzweifelt)
Sie schweigen! Man hört mich nicht . . . Schweigen!

LEAH

Vor meinen Augen hebt der Nebel sich,
in grauen Schleiern zieht er an mir vorbei.
Finster wird es, Nacht um mich.
Daß mich mein Kind nur einmal sehen könnt!
Einmal nur soll mein Bild sich sacht
in seinem Auge spiegeln,
einmal nur . . .
dann mag's vergehen.

RABBI MOJSCHE (*immer schwächer*)
Gib mir ein Zeichen, Gott,
daß Du mich hörst!
Und daß Dein Auge auf uns schaut,
ein Zeichen,
daß Du bist!

JONATHAN (*stellt sich zwischen seinen Vater und den Heiligen Schrein*)
Gott prüfen? Wagst du es?

(*Die Juden atmen erleichtert auf*)

RABBI MOJSCHE (*verzweifelt*)
Nein, Leah. Er sagt nein . . .

LEAH (*bricht zusammen*)
Großvater Pinchas,
Urgroßvater Schlojme . . .

STIMMEN (*erschrocken*)
Die Kette! Die Kette!
Zerrissen ist die Kette!

JISROEL (*plötzlicher Entschluß, schreit auf*)
Halt! Halt!
Jonathan ist Rabbi!

LEAH
Jonathan?

MIRJAML (*abwehrend*)
Mein Sohn, mein Sohn?

(*Jonathan wankt*)

JISROEL *(gebietend, leidenschaftlich)*
Die Gemeinde will es!
Die Gemeinde befiehlt!

MIRJAML *(schreit voller Angst auf)*
Die Gemeinde?

DIE ANWESENDEN JUDEN
Ja, ja!
Wir wollen! Wir befehlen!

LEAH *(wendet sich zu Jonathan voller Hoffnung)*
Sei!
Werde!

JONATHAN *(entschlossen und demütig zugleich)*
Ich bin!

(Er setzt sich auf den Stuhl. Die Juden gruppieren sich um ihn.)

Vorhang

Einiges zu »Die goldene Kette«

Der Begriff goldene Kette *kommt aus der chassidischen Vorstellungswelt und ihrer Folklore. Sie steht für die unzerreißbare Verbindung zwischen rabbinischen Höfen und ihren herrschenden Dynastien.*

Die goldene Kette *hat ihren Ursprung in Bal-Schem-Tow, dem Begründer des Chassidismus, doch sie reicht über zwei Jahrhunderte, von jeweiligen Holocausts gewaltsam unterbrochen, aber niemals ganz abgebrochen, bis heute, in der fast hermetisch abgeschlossenen Jerusalemer Gemeinde, der orthodoxen* Meah Shearim *(Hundert Tore), wie auch in der Lubawitscher Sekte in Williamsburg, New York u. a. und bleibt über Zeit und Raum in ihrer überlieferten Ideenverbindung kettenfest miteinander vergliedert.*

Der Rabbi (oder Zaddik) einer solchen Gemeinde, die ihm gehorcht und treu folgt, herrscht mit absoluter Autorität wie ein Monarch. Der Urteilsspruch ihres Rabbis ist für seine Chassidim schicksalsbestimmend. Doch während dynastische Monarchen über Volk und Land mit der Gewalt ihrer Macht über Leben und Tod ihrer Untertanen bestimmen, ist der Einfluß des Rabbi über seine Gläubigen ein rein spiritueller und aus dem religiösen Ethos kommend. Die geistige Aristokratie der Rabbiner wurzelt in ihrer Thorakunde und Gelehrsamkeit.

Wie ihre Chassidim leben die Rabbis im gleichen armen, engen Ghetto und unterstehen den gleichen bigotten, unerbittlichen Ghettogesetzen.

Die Rabbis wurden genauso verfolgt, waren ihres Lebens genauso unsicher und jeweiligen Pogromen ausgesetzt wie ihre Chassidim. Doch trotz ihrer offensichtlichen Verwundbarkeit und Sterblichkeit sahen ihre Gläubigen in ihnen Vertreter des Rabejnu Schel Ojlem, des Herrn der Welt. Dieser tiefe, fast kindliche Glauben ist wohl die enigmatische, mit dem reinen Verstande nicht leicht erklärbare charismatische Kraft, mit der die Rabbis in ihren Höfen dynastisch regieren.

In seinem monumentalen rabbinischen Drama Die goldene Kette hat J. L. Perez, der tiefe Kenner der Chassidik, ein tragisch stürmisches Bild einer solchen rabbinischen Dynastie mit Rembrandtfarben gemalt. Wie bei Rembrandt betont der Gegensatz zwischen Licht und Dunkel die Tragik des Geschehens.

Vier Generationen einer illustren Rabbinerfamilie leben unter einem Dach: Rabbi Schlojme, Urgroßvater; Rabbi Pinchas, Großvater; Rabbi Mojsche, Vater; Jonathan, später Rabbi Jonathan, Sohn.

Rabbi Schlojme ist der unentwegte Visionär, Träumer und Don Quichottische Kämpfer. Es ist Sabbat. Die Betenden erwarten das Schlußgebet (Hawdole), das den Übergang zum Wochentag einleitet. Rabbi Schlojme aber weigert sich, den Sabbat zu beenden, da, wenn es weiter Sabbat bleibt, von oben weder gerichtet noch geurteilt werden kann. Er will dabei auch den Messias aus seiner abwartenden Stellung und Passivität heraus-

provozieren. An dem Zweifel seiner Söhne und der Chassidim scheitert sein Streben, und er bricht zusammen.

Sein Nachfolger, Rabbi Pinchas, ist ein strenger, kompromißloser Dogmatiker, der unnachgiebig dem Buchstaben der Schrift folgt. Doch seine Enkelin Leah (Mojsches Tochter) verläßt den Hof, um zu ihrem Bräutigam, einem Arzt, zu ziehen. Doktor Bergmann gilt in dieser Familie und bei den Chassidim als Freidenker und Renegat. Rabbi Pinchas, der Fanatiker der heiligen Vorschrift, bricht unter dieser Schande zusammen.

Rabbi Mojsche folgt. Als kränklicher, schwacher, vor allem demütig bescheidener Mensch ist Rabbi Mojsche nicht imstande, unter dem Druck der Tochterschande und seiner tiefen väterlichen Sorge um sie sein Amt auszuüben.

Im letzten Akt kehrt Leah demütig und reuig in ihr Elternhaus zurück. Sie ist krank und leidet an der Abzehrung. *Ihr Mann hat sie verlassen, und ihr Kind ist blind. Sie fleht um Vergebung und um Hilfe für ihr schuldloses Kind. Jonathan, ihr Bruder, bleibt vorderhand unerbittlich. Rabbi Mojsche öffnet aber den Heiligen Schrein, steckt seinen Kopf in denselben und betet mit der ihm eigenen Sanftmut und Demut. Er bekommt keine Antwort von* oben. *Seine Ohnmacht wird von seinem Gabbaj Jisroel und den anwesenden Chassidim scharf beobachtet, und kurz entschlossen ernennt Jisroel Jonathan als den nachfolgenden Rabbi.*

Der junge Rabbi Jonathan trägt alle Einflüsse seiner Vorväter in sich. In seinem Taubentraum (II. Akt), der die absolute Reinheit des Glaubens symbolisiert, manifestiert sich sein Visionärentum (Rabbi Schlojme), die dogmatische Strenge (Rabbi Pinchas) und die milde, verzeihende Güte (Rabbi Mojsche). Die goldene Kette *wurde nicht abgerissen. Mit Rabbi Jonathans ekstatischem Ausruf: »Ich bin!« erreicht das Drama seine Apotheose.*

Inhaltsverzeichnis

Glossar *Die Seelenwanderung einer Melodie*

Bentschen – Segnen. **Beth Hamidrasch** – Lehr- und Bethaus. **Chuppe** – Traubaldachin. **Chassid** – Anhänger eines chassidischen Rebbe. Mit *Rabbi* oder *Raw* bezeichnet man den Gemeinderabbiner. Der geistige Führer einer chassidischen Gemeinschaft wird *Rebbe* genannt. **Gemore** – Talmudischer Kommentar. **Goles** – Verbannung, Diaspora. **El-mole-Rachamim** – Totengebet. **Hawdole** – Gebet am Sabbatausgang. **Goen** – Ehrentitel für rabbinische Autorität. **Jeschiwe** – Talmud-Hochschule. **Jom Kippur** – Buße- und Versöhnungstag. **Kiddusch** – Segensspruch über Wein an Festtagen. **Kol-Nidrej** – *(Alle Gelöbnisse)* Gebet am Vorabend des Versöhnungstages. **Kadisch** – Gebet für die Seele eines Toten. **Maskil** – Anhänger der Aufklärungsbewegung. **Misnagid** – Gegner des Chassidismus. **Minjen** – Zehn Juden, erforderlich zum vollgültigen Gottesdienst. **Minche** – Nachmittagsgebet. **Maariv** – Abendgebet. **Mischna** – Teil des Talmuds. **Nileh** – Schlußgebet am Versöhnungstag. **Mitzve** – Gottgefällige Tat. **Melave-Malke** – Hymne am Sabbatausgang. **Quittel** – Bittbrief an den Rebbe. **Sliches** – Bußpsalmen. **Schechina** – Glorienschein Gottes. **Simches-Thora** – Thora-Freundesfest. **Schale Schides** – Mahlzeit am Sabbatausgang. **Schewies** – Natur- und Erntefest. **Schofar** – Widderhorn, das am Neujahrsfest und am Versöhnungstag geblasen wird. **Sukkes** – Laubhüttenfest. **Trejfe** – nicht *koscher*. **Zaddik** – der Gerechte.

Glossar *Die goldene Kette*

Baal Schem Tow – Israel Ben Elieser, 1700–1760, Begründer des Chassidismus. **Sambatjon** – Legendärer wilder Strom. **Schochet** – Ritualschächter von Vieh und Geflügel. **Tales** – Gebetmantel. **Tefillin** – Gebetriemen.